Découvrez l'histoire par les archives de presse

RETRONEWS

Le site de presse de la BnF

www.retronews.fr

PUBLICATION TRIMESTRIELLE
1929 — N° 2.

MÉMOIRES

DE LA

SOCIÉTÉ D'HISTOIRE

ET D'ARCHÉOLOGIE

DE BRETAGNE

10ᵉ ANNÉE

Tome X — 1929

PREMIÈRE PARTIE

SOMMAIRE :

Saint Doccus et l'hagio-onomastique...................... J. LOTH
Membre de l'Institut
Peut on calculer, à l'aide de l'astronomie, la date appro-
  ximative de certains monuments mégalithiques ?.. . RENÉ MERLET
Division de la propriété noble en Bretagne............. H. DU HALGOUET
Le Jansénisme à Nantes de 1714 à 1728................ A. BACHELIER

RENNES
PLIHON et HOMMAY, 5, rue
Motte-Fablet.

PARIS
ED. CHAMPION à quai
Malaquais

NANTES
DURANCE, 4, quai d'Orléans

SAINT-BRIEUC
PRUD'HOMME 12, rue Poulain
Corbion.

QUIMPER
LE GOAZIOU 7 rue St-François.

VANNES
LAFOLYE, 2, place des Lices

PUBLICATION TRIMESTRIELLE
1929 — N° 2.

MÉMOIRES

DE LA

SOCIÉTÉ D'HISTOIRE

ET D'ARCHÉOLOGIE

DE BRETAGNE

◆

10ᵉ ANNÉE

Tome X — 1929

PREMIÈRE PARTIE

SOMMAIRE :

Saint Doccus et l'hagio-onomastique.................... J. LOTH
Membre de l'Institut
Peut-on calculer, à l'aide de l'astronomie, la date approximative de certains monuments mégalithiques ?.... RENÉ MERLET

Division de la propriété noble en Bretagne............. H. DU HALGOUET

Le Jansénisme à Nantes de 1714 à 1728................. A. BACHELIER

RENNES
Plihon et Hommay, 5, rue Motte-Fablet.

PARIS
Ed. Champion, 5, quai Malaquais.

NANTES
Durance, 4, quai d'Orléans

SAINT-BRIEUC
Prud'homme, 13, rue Poulain Corbion.

QUIMPER
Le Goaziou 7 rue St-François.

VANNES
Lafolye, 2, place des Lices

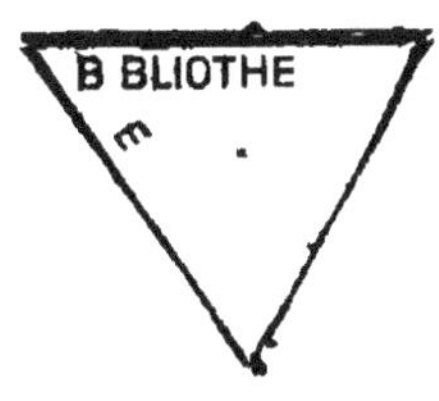

SAINT DOCCUS
ET L'HAGIO-ONOMASTIQUE

Quelques écrivains des plus réputés pour leurs travaux sur les origines et l'organisation du culte chrétien dans les Iles Britanniques ont gravement péché contre *saint Doccus* : ils l'ont transformé en saint *Cadocus*, en dépit de textes importants, tombant ainsi cette fois eux-mêmes dans une erreur qu'ils avaient eu en mainte occasion à reprocher aux scribes : transformer en un nom connu un nom inconnu ou qui ne leur était pas familier, plus ou moins apparenté par la forme. Une étude sérieuse des noms de lieux consacrés au culte en Galles, Cornwall et Bretagne les en eût préservés.

Doccus (variantes *Docc, Doacus)* figure dans un document du viiie siècle : *Catalugus sanctorum Hiberniæ secundum tempora* [1].

Ce Catalogue divise les saints d'Irlande en trois catégories. La première comprend les auxiliaires et premiers successeurs de saint Patrice jusqu'en 544 : *unum ducem Patricium habebant unamque missam, unam celebrationem, unam tonsuram,* etc... La deuxième catégorie comprenait les saints depuis 544 jusqu'en 598; la troisième, ceux de 598 à 665. Doccus figure dans la deuxième avec David et Gildas : *diversus missas celebrabant et diversas regulas... A Davide episcopo et Gilla et a Doco Britonibus missam acceperunt.*

(1) HADDAN et STUBBS, *Councils and ecclesiastical Documents relating to Great-Britain and Ireland,* II, 292-293. — MAC CARTHY, *On the Stowe Missal,* p. 161-162.

Dom Gougaud [2] dans la page même où il reproduit ce texte voit, dans le *Docus* du Catalogue, *Cadocus :* « Quant au fait de l'introduction d'une nouvelle messe par les trois saints bretons *David, Gildas* et *Cadoc, dont parle le Catalogue,* étant donné les rapports étroits existant entre les deux pays, il nous paraît très admissible ». Comme d'autres Dom Gougaud change *Docus* en *(Ca)docus.*

Il est si bien convaincu que *Doco* est une erreur de scribe pour *(Ca)doco* que Docus ne figure même pas dans son *Index des noms propres.*

C. Plummer dans ses *Vitæ sanctorum Hiberniæ* [3] est tombé dans la même erreur; il donne bien dans son *Index Nominum, Docc, Docus, Doacus abbas Britonum,* mais avec l'addition : i. e. *Cadoc of Llancarvan.*

Dans son *Introduction* (p. xiv), il nous apprend que le saint irlandais Cainnech a reçu son instruction dans l'Ile de Bretagne, de saint Cadoc de Llancarvan. Or, voici ce qu'on lit dans la *Vita Cainnici abbatis de Achad Bo* [4] qu'il a publiée (*vitæ ss. Hib.,* t. I, p. 152, § 3) : Cum ergo sanctus Cainnicus crevisset et perfectus esset sensu, voluit scientiam discere et religiose vite vacare. Perrexit ad mare transnavigavit ad Britanniam ad virum religiossum et sapientem nomine *Docum* (variantes *Docc, Doaci*). Legit vero apud illum sedule et mores bonos didicit. Hic sanctus toto corde erat humilis et obediens. Quodam autem die cum sanctus Cainnïcus scriberet, audivit vocem magistri invitantis fratres ad opera; et pro festinacione obedientie implende dimidiam partem scribens littere *o,* alteram partem semiplenam reliquit imperfectam. Ab illo autem die abbas magister ejus dilexit eum valde.

---

(2) Les *Chrétientés celtiques,* p. 301, 302.

(3) *Vitae sanctorum Hiberniae partim hactenus ineditae ad fidem manuscriptorum recognovit prolegomenis notis indicibus instruxit.* Carolus Plummer, Oxford, 1910. 2 vol.

(4) *Ager boum,* plus anciennement *Ached Bó,* aujourd'hui *Aghaboe,* baronnie d'Upper Ossory, en Queen's County.

Les relations entre l'Irlande et l'Ile de Bretagne au point de vue religieux ont été particulièrement intimes du v° au vii° siècle, et le séjour de Cainnech auprès d'un maître britton n'a rien d'insolite [5].

Usher avait précédé Dom Gougaud et C. Plummer dans cette métamorphose de Doccus : il voit *Cadocus* dans le *Doccus*, professeur de saint Cainnech. Shearman, dans ses *Loca Patriciana*, p. 223-225, fait de *Cadocus* un neveu de *Doccus*?

Nous lisons encore dans les *Annales d'Ulster*, à l'année 472 : *Quies* Docci *episcopi sancti abbatis Britonum*.

Enfin, dans la vie la plus ancienne de saint Samson de Dol, nous lisons que le saint venant du Pays de Galles, en débarquant en Cornwall, va : *ad monasterium quod* Docco *vocatur* (variantes *Doccovi, Doccovus*).

C'est en vain qu'on chercherait dans le tome Ier de l'*Histoire de Bretagne*, de La Borderie [6], qui traite longuement de la vie de Samson, de la plus ancienne comme des autres, la moindre mention de *Docco* ou *Doccus* : évidemment pour lui *Docc est (Ca]doc* et *Docco, (Ca]doco*.

Pourquoi devant ces textes si précis et si importants avoir persisté à ignorer *Docc* et à le transformer en *Cadoc*? C'est que Cadoc est beaucoup plus connu, a joué un rôle connu et, semble-t-il, plus important, tandis que nous ne savons rien de la vie de Doccus, en dehors du paragraphe que j'ai cité de la vie de saint Cainnech, laquelle repose sur des manuscrits de basse époque, mais qui, à côté de légendes et de parties mythologiques, a conservé des souvenirs de l'époque même où vivait le saint [7].

Si je ne suis pas tombé dans la même erreur que les savants très versés cependant dans les études hagiogra-

(5) Cf. C. PLUMMER, *Vitae ss. Hib.*, t. I, cxxiv. — Dom GOUGAUD, *Chrét. Celt.*, p. 74-79.

(6) Dans son tome I, p. 418, il a lu monasterium *Nochori* qui est à corriger en *Dochovi*, et n'en a rien tiré.

(7) C. PLUMMER, *Vitae ss. Hib.*, I, p. cxxiv et suivantes.

phiques que je viens de citer, c'est que j'avais eu recours à une branche particulièrement importante de ces études, dans les pays de langue celtique : l'hagio-onomastique. En Bretagne, en Cornwall, en Galles, assez souvent nous ne sommes renseignés sur l'importance du culte d'un saint et même plus d'une fois sur son existence, que par l'étude des noms de lieu qui ont conservé incontestablement son nom. C'est une étude souvent fort délicate, si on n'a pas des formes anciennes et sûres de ce nom, car les noms au moyen âge et surtout à l'époque moderne ont été souvent mal transcrits et souvent confondus avec d'autres de forme plus ou moins rapprochée. En pays bretonnant, il est indispensable de contrôler la forme écrite par la prononciation actuelle du nom dont on s'occupe chez les gens dont le breton est la langue usuelle.

Je n'ai pas eu de peine à trouver dans les noms de lieu des trois pays de langue brittonique le nom du saint en question et la preuve de l'importance du rôle qu'il a joué. Le Monasterium *Doccovi* [8] où se rend immédiatement le saint en débarquant en Domnonia (Cornwall), nous est connu dès le xe siècle, sous la forme cornique *Landoho*. *Doho* dans *Lan-doho* est l'évolution régulière de *Docco* (plutôt *Doccow*) : *cc* vieux-celtique devient dès le vie-viie s. une spirante gutturale sourde exprimée à l'époque du vieux-gallois et du vieux-cornique par *ch* ou *h*. La graphie *cc* se trouve encore néanmoins.

Lann écrit aussi *lan)* a le sens de *lieu, enceinte* sacrée, monastère [9], *Landoho* représente donc exactement *monasterium Doccow*.

Le roi d'Angleterre Edgar (958-975) donne aux chanoines de Plympton deux *carucatas* de terre, 100 s., l'église pour l'entretien de deux chanoines célébrant le service divin et

<hr>

(8) *Doccovi* est un génitif latin de *Doccow*. Il y a la variante *Docco*, vraisemblablement pour *Doccou*, dans la vie de saint Samson.

(9) Dans la vie du ixe siècle de saint Paul Aurélien, *Lanna Pauli*, aujourd'hui *Lampaul*, est traduit par *monasteriolum Pauli*.

pour les aumônes aux pauvres pèlerins et autres hôtes, en *Landoho* (*Patent Rolls*, 1307).

Landoho pour *Landocho* est aujourd'hui un simple village en Saint-Kew, connu sous le nom de *Lannowe*. C'était au moyen âge le nom même de la paroisse actuelle de Saint-Kew, Lannowe est tout près de l'anse de Padstow (*Lodenek* en cornique) où on est d'accord pour placer le lieu d'atterrissage de saint Samson.

Padstow est sur la côte ouest à l'embouchure de la rivière Camel; c'est le seul port véritable le long de la côte septentrionale de la Domnonia, à l'ouest.

Lannow est une évolution cornique de *Landoho* (*Landocho*, *Landochow*).

Lann remonte à un vieux-celtique *landā*. Régulièrement, en composition syntactique, le *d* de *Dochou* devait être traité comme étant entre deux voyelles, c'est-à-dire devenir une spirante dentale sonore ; c'est ce qui a lieu en gallois moderne *Llan-dewi*, la paroisse de Saint-Dewi. Mais en cornique, ainsi qu'en breton, le *d* dans ce cas reste intact.

L'assimilation de *d* à *nn* dans Lannow s'explique par le fait que la langue n'avait plus conscience de la valeur du second terme et surtout que les deux termes du composé étaient constamment unis [10].

L'assimilation s'est faite de bonne heure. On trouve *Lannohoo* dans l'*Exon Domnesday*, fol. 99. A côté de *Landoho*, en 1185, on trouve, en 1331, *Lannow seynt* (saint). En 1300, on a la graphie *Lanhoghov* (*gh*, graphie ordinaire de *ch* en moyen cornique). Le *ch* cornique est faible entre deux voyelles et disparaît même de bonne heure [11]. En cornique, -o pour -ow n'a rien d'extraordinaire.

(10) Cette assimilation, autrement, n'a pas lieu : le *d* de *da*, bon, après *benyn* (benen), qui est féminin, ne s'assimile pas. Le sens de *da* est senti et la liaison est accidentelle.

(11) Pour les différentes formes de *Landoho*, cf. J. Loth, *La Vie la plus ancienne de saint Samson de Dol*, p. 24-25, Paris, Champion, 1914.

Pour l'évolution de *Landoho* en *Lannow*, la façon dont elle s'est opérée phonétiquement, il y a à tenir compte de la forme *Lannhoo* pour *Lanhoho* en 1189; *Lanhoho* en 1283, *Lanhoghov* en 1300. On trouve souvent dès le xiiie siècle, cornique, -*o* pour -*ow* n'a rien d'extraordinaire.

Il y a dans la vie de saint Cainnech un épisode digne d'attention, qui prouverait que l'hagiographe du saint et celui de saint Samson étaient parfaitement informés de la situation exacte du monastère de Saint-Doccov. Il y est question § 4 d'un bras de mer que les religieux du monastère dont saint Doccus était l'abbé traversaient avec leurs chariots dès l'aube quand il était à sec. L'économe du monastère qui voulait la perte de Cainnech, le trouvant à l'étude, lui reprocha de n'avoir pas suivi les frères et lui ordonna d'atteler à un chariot deux bœufs indomptés et de traverser le bras de mer avec son attelage. Les deux bœufs se laissèrent atteler, mais Cainnech trouva le bras de mer envahi par les flots : *invenit tunc fretum impletum inoundatione magna, maris undis tumescentibus.* Par la volonté divine les flots se divisèrent formant comme deux murailles et le saint passa à pied sec au milieu avec son chariot. Or, dans l'estuaire de Padstow-Haven, en remontant sous l'église d'Eglos-Hayle [12] qui est sur la rivière Camel, le flux et le reflux se font sentir. C'est sans doute à cet endroit ou tout près que devait être situé le monastère de Saint-Dochow : Hail, en cornique moyen. Heyl a le sens d'estuaire, endroit où les flots de la mer rencontrent ceux d'un fleuve. Tout justement, d'après la vie de saint Petroc, saint Samson aurait habité un ermitage situé *secus littus juxta amnem Hailem. Hail* était le nom que portaient les rivières Camel et Alan (Allen) réunies en rencontrant le flot marin.

Dans le Pays de Galles, saint Dochou a été l'objet d'un culte qui paraît avoir été important. Il a existé en Gla-

---

(12) *Eglos,* gallois *églwys,* signifie *église* et remonte à une forme *eclèsia*

morgan un monastère portant son nom sous les deux formes *Dochou* et *Docguinn, Docuinn.* Chez tous les Brittons il était d'usage d'honorer les saints particulièrement sous un nom composé et un nom simple représentant le premier terme du composé avec suffixe. Ce premier terme devenu nom simple était souvent précédé du préfixe *tŏ-*. C'est ainsi qu'en Bretagne, comme en Cornwall, saint Guénolé est connu sous son nom composé, au ixᵉ siècle *Win-waloe* d'où Guénolé, et sous son nom simple *Tevennec,* au ixᵉ s., *To-winnoc,* conservé dans le nom de l'abbaye de *Lan-devennec.* Il en est de même en Cornwall : Gwnwalloe, nom de paroisse, représente *Winwaloe* et *To-winnoc* se retrouve dans le nom de *Lan-dewednack* [13], nom d'une ancienne abbaye.

Il y avait un monastère de *Dochou* en Glamorgan. Dans une charte de l'abbaye de Llandaf [14] figure parmi les témoins : *Saturn abbas Dochou.* La charte est donnée comme étant du temps du roi *Morcant filius Athruis,* donateur de Lann Merguallt. *Morcant map* (fils) *Athruis* figure dans une généalogie galloise du xᵉ siècle. Son père Judhail vivait dans la première moitié du viiiᵉ siècle. D'après les *Annales Cambriæ,* Fernmail, fils de ce Judhail, serait mort en 775.

Le plus souvent *Dochou* est sous la forme composée. Dans le Cartulaire de Llandaf, les abbés signent généralement *abbas Docguinnis* ou *Docuenni, Docunni.* Les chartes où ils figurent sont très nombreuses [15].

En Cornwall également la forme composée se rencontre. Dans les *Staffard Registers* (1400), il est question d'une

---

(13) *Dewednack* est pour *dewennac, tewennac.* Le changement de *t* en *d* est régulier après le nom féminin *lann* : -*dn*- pour *nn* est courant en cornique moderne. La vie de saint Petroc repose sur un ms. du xvᵉ s., mais conserve des souvenirs anciens.

(14) Gwenngfryn EVANS, *The Book of Llandaf,* p. 145.

(15) *Book of Llandaf,* 131, 140-149, 151-154, 157-158, 175-176, 180-187, 191, 205, 214 215, etc.

licence pour un oratoire dans la paroisse de *sancti Doquinais* qui est *Landoho*.

Il y a aujourd'hui en Glamorgan deux paroisses de *Landochou* : *Llandocha fawr* qui touche Cardiff et *Llandocha Fach* près de Cowbridge [16].

Docuinn (ou *Docguinn)* au lieu de *Doch-winn* qu'on attendrait, si on partait d'un vieux-celtique *Docco-uindo-s* s'explique par le fait que *uindo-s* était dès le ix⁰ siècle, en gallois *guinn* dans l'écriture et peut-être plus tôt encore dans la prononciation, et que le sens de *winn, guinn* était parfaitement connu. *Winn, gwinn* était employé au sens de *saint, bienheureux,* et suivait le nom de saint comme qualificatif : cf. *Dewi sant* ou *Dewi wynn,* saint Dewi.

C'est de *Docc,* peut-être même *Doch-,* et de *guinn-* qu'il faut partir [17] pour expliquer *Docuinn* et *Docunn. Doc-* paraît dans le nom d'un saint bien connu dans les trois pays brittoniques.

En Galles, *Docmael* a évolué en *Docgwel : Llan-ddogwel* en Anglesey (Rees, *Essays on Welsk saints,* p. 211). En Bretagne, c'est *saint Dogmel* (en Rospez, Côtes-du-Nord) qui, sûrement, ne représente pas la prononciation.

En Cornwall, il en est de même : *saint Dogmael* en Liskeard. *Doc-* a évolué en *Dog-,* ce qui est parfaitement régulier devant la sonore *m* ou *v. Doc-* suppose un vieux-celtique *Doco-* et non *Docco-* ou *Doccu-.*

On attendrait en gallois moderne au lieu de *Llan-docha* en vieux gallois *Lan-dochou, Llan-docha* avec un *d* spirant

(16) Dans la *Myv. arch. of Wales,* p. 748, je relève *Llan-Docha y Bont-Vaen* (n⁰ 81) et *Llan-Docha vach* (n⁰ 96), en Glamorgan. *Fawr* signifie *grand ; Fach* (*bach*) signifie *petit.* G. EVANN, *B. of Llandaf,* p. 325, donne des formes du moyen âge : *Landozue* qui serait aujourd'hui *Landough super Thaw,* et p. 325, 338, *Landowe* qui serait *Landow,* également en Glamorgan. *Landogue* pourrait faire penser à une terminaison en -*wy* ; -*wy* et -*ou* en vieux-gallois s'échangent parfois. C'est douteux. *a* pour *au* dans *Llandocha* représente la prononciation actuelle.

(17) John Morris JONES, *Grammar,* p. 184, cite *Llan-Decwyn* en donnant *Dec-* comme un exemple de la s urde conservée devant *w;* il écrit même Llandecwyn. C'est de *Llan Dec-gwynn* qu'il faut partir. D'ailleurs sa graphie est fautive. La graphie exacte est *Llandeccwyn,* paroisse en Ardadwy (Merionethshire).

qui serait écrit *dd*. *Lann* étant féminin et faisant corps avec
-docha, le *d* après *lann* = *landa* est intervocalique et, suivant
la loi brittonique, en pareil cas, devient une spirante dentale
sonore, analogue au *th* doux anglais.

En vieux et moyen-gallois, à en juger par les graphies,
cette loi, en composition syntactique, ne se montre pas clairement.

Les textes, comme nous l'avons vu, prouvent que la
consonne initiale du nom du saint est un *d*. Or, dans *Llan-
docha*, l'initiale serait, à en juger par la forme moderne
un *t*; *t* intervocalique devient *d* dans l'intérieur du mot et
en composition syntactique.

Si on n'admettait pas l'influence homorgane (*lann- land-*
et *-dochou*) comme en breton et en cornique dans l'absence
de spirantisation du *d*, qui ne jouerait pas toujours à
l'époque moderne, il faudrait supposer un doublet *Dochou*
et *Tochou*.

La seule façon de l'expliquer serait de supposer une
composition avec le préfixe *to-*. Ce préfixe ne portant pas
l'accent principal peut devenir *do* : devant voyelles on a
t- et *d* ; *T-ochou*, *D-ochou*. Le thème serait *Occou* qui
devient *Ochou*.

On trouve, en Cornwall, dans une charte de 1100-1135,
saint Tohou, mais *sant* (saint) précédant *Dochou* et faisant
corps avec lui, suffit à expliquer le *t* de *Tohou* pour
Dochou : c'est un cas fréquent de provection.

En Bretagne. le nom est toujours précédé de *sant* (saint),
de sorte que la forme ordinaire est *sant Tochou*. On trouve
saint-Tohou ou *saint-Ohou*, en Primelin (Finistère). Mon
jeune et regretté ami, René Largillière, m'a laissé un grand
nombre de notes en vue d'une réédition fortement amendée
et augmentée de mes *Noms des saints bretons* qui eût été
l'accompagnement nécessaire et comme la preuve d'un
travail d'ensemble sur *L'organisation du culte chrétien en
Bretagne armoricaine*. Parmi ces notes, je trouve les sui-

vantes concernant saint Tohou : « la chapelle de *saint Toc'hou* existait encore en 1625; elle fut ruinée en 1672; son souvenir subsiste dans des noms de lieux de Primelin : *Parc ar goz ilis* (le champ de la vieille église); *Parc an is feuteun sant Tochou* (le champ plus bas que la fontaine de saint Tochou); *Parc an eoç'h* [18] *feunteun sant Tochou* (le champ au haut de la fontaine de saint Tochou); *Ros peulvan sant Tochou* (le tertre du pilier de saint Tochou »).

Pour le Cornwall et la Bretagne armoricaine, la forme *Tohou, Toc'hou* avec *t* pour *d* paraît bien due à une provection causée par *sant* précédant le nom et faisant corps avec lui. Je relève même dans les notes de Largillière une forme dans laquelle *d* s'est maintenu : *Saint-Doha*, en Merdrignac (Côtes-du-Nord), commune aujourd'hui de langue française.

Pour le Pays de Galles, en faveur d'une forme avec *t* initial, on peut invoquer le nom de paroisse en Cemmaes (Pembrokeshire) . *Llan-dydoch. Dydoch* après *lann*, remonte à *Tydoch* qui suppose une forme vieille-celtique avec préfixe *to-* : *To-tocco-s* ou *To-toccu-s*. Mais il n'est pas absolument sûr qu'il s'agisse du même saint.

Toch dans *Ty-doch* remonte, si c'est le même saint, à *Toccu-s*. Il a existé sûrement une forme vieille-celtique *Docc-us* (thème en -ŭ), génitif *Doccou̯-os*. C'est sur le thème *Doccou̯-* que s'est formé *Doccou̯o-s* qui a donné le gallois *Dochou* (moderne *Dochau)*.

Comme on le voit le culte de saint Doccus a été fort répandu dans tous les pays de langue brittonique et fait supposer qu'il y a joué un rôle important. Sa réputation paraît même avoir été grande en Irlande dans les premiers temps de l'organisation du culte chrétien dans l'île.

---

(18) *An eoç'h* pour *an ec'h*, lui-même pour *an(k)nec h*. *Knec'h* est devenu ailleurs *crec'h*. On dit dans certains can ons : *d'an nec'h* et *d'an ec'h*, en haut; dans d'autres *d'ar hrec'h*.

Le cas de Doccus est assurément, à tout point de vue, des plus instructifs et démontre de façon éclatante l'importance des études d'hagio-onomastique.

René Largillière suivant, comme il le reconnaît lui-même, la méthode que j'ai établie dans *Les noms des saints bretons* et mon étude sur *La vie la plus ancienne de saint Samson de Dol*, a tiré de l'hagio-onomastique un excellent parti dans son remarquable travail sur : *Les saints et l'organisation chrétienne primitive dans l'Armorique bretonne* [19] qui, présenté comme thèse à la Faculté des Lettres de Rennes en 1924, lui valut le titre de Docteur avec la plus haute mention.

Sa mort prématurée, suivant de près celle de notre ami commun l'abbé Duine, à qui on doit tant d'excellentes recherches dans le domaine hagiographique et liturgique, est pour les études d'histoire religieuse dans les pays brittoniques, une perte irréparable. Un excellent juge, mon ami M. Ferdinand Lot dans un compte rendu détaillé de la thèse de René Largillière paru dans la *Revue Celtique* en 1926 (pp. 455-459) a signalé la richesse prodigieuse des minutieuses investigations toponymiques auxquelles l'auteur s'était livré et a pu conclure en toute justice que l'œuvre dans son ensemble est un modèle de monographie patiente et scrupuleuse.

NOTES ADDITIONNELLES

I

Rice Rees, *Essay on the Welsch Saints*, p. 180) n'a pas vu que saint Docwinus avait comme nom simple *Dochou* (gallois moderne *Dochau*, prononcé *Docha*). Il ne sait même pas où est le monastère de Docwinus. Il a trouvé dans la

Vie de saint Cyngar (Cungarus, *Vita* d'après Capgrave) un saint Dochdwy qui pourrait être, dit-il, Docwinus, ce qui est impossible, *Docwinn* était le nom composé authentique de Dochou. Il n'a pas reconnu la composition du nom de *Docwinn*, page 119-220, Dochdwy aurait accompagné saint Cadvan à Bardsey où il aurait été sacré évêque, puis il aurait remplacé Teilo, en son absence, comme évêque de Llondaf, Rees est disposé à le regarder comme le fondateur de deux églises en Glamorgan : *Llandoch* ou *Llandocha*. Il n'a pas vu la difficulté phonétique de cette identification.

Dochdwy ou est un personnage purement légendaire ou un pesronnage entièrement différent de Docwynn. On le chercherait en vain dans les actes du Cartulaire de Llandaf.

Rees a fait parfois un heureux usage de l'hagio-onomastique, mais ses sources sont souvent sans valeur; les formes des noms insuffisamment étudiées, mènent à des identifications hasardeuses. Ses connaissances linguistiques étaient limitées, néanmoins son *Essay* peut être consulté avec fruit.

II

Les deux thèmes *Doc* et *Docc-* sont connus par des inscriptions et des monnaies dans les pays celtiques : *Doca* (York) surnom, C I L., 1331, 11; *Docca* (Bâle), ap. Schuerm, 1955; *Doccae* (Jublains), Mowal, p. 83; *Doccius* (Londres), C I L., vii, 1331, 42; *Doci-rix*, sur de nombreuses monnaies; *Dixtuidoci Conbrinoci* (Devon), Hübner, *Inscr. Brit. Christianæ*, n° 29, vi° siècle (cf. Holder, *Altceltischer sprachschatz*, p. 1296, 1297-1299).

Peut-on calculer,
à l'aide de l'astronomie, la date approximative de certains monuments mégalithiques?

A cette question : *Peut-on calculer, à l'aide de l'astronomie, la date approximative de certains monuments mégalithiques ?* il est permis, je crois, de répondre d'une façon affirmative.

Le problème, en effet, a été déjà non seulement étudié, mais même considéré comme résolu par un célèbre astronome contemporain, Sir Norman Lockyer, mort en Angleterre en 1920.

Dans son livre, intitulé *Stonehenge* [1], Norman Lockyer a démontré que les axes de certains monuments mégalithiques, tel le fameux cercle de pierres de Stonehenge, près de Salisbury, étaient dirigés vers les levers ou les couchers du soleil, aux jours des solstices, le 21 juin et le 23 décembre, c'est-à-dire à l'époque de l'année où les jours sont les plus longs et les plus courts et où le soleil atteint sur l'horizon, vers le nord et vers le sud, les points extrêmes de sa course annuelle.

De ce fait bien établi à Stonehenge, grâce à la forme même du monument et à son bon état de conservation, Norman Lockyer a pu conclure, en quelque sorte mathématiquement, que le cercle mégalithique de Stonehenge était un ancien temple solaire, édifié il y a 4.000 ans environ, plus exactement entre 2.000 et 1.500 ans avant J.-C.

---

(1) Le titre exact du livre est *Stonehenge and other british stone monuments astronomically considered, by sir Norman Lockyer, London, Macmillan, S* Martin's street*, 1909, in-8°, 500 p. (2* édition).

L'importance de cette conclusion ne saurait trop retenir l'attention des archéologues qui s'occupent de préhistoire. Il existe en France, particulièrement en Bretagne, plusieurs enceintes mégalithiques, que l'on désigne habituellement sous le nom de cromlechs. Ces enceintes sont d'une structure plus grossière et moins évoluée que celle de Stonehenge, et tout semble prouver qu'elles ont été bâties à une date plus reculée : certaines d'entre elles sont orientées aussi vers le soleil levant aux jours des solstices. Il y a lieu par conséquent d'admettre que ce sont, comme Stonehenge, des temples solaires, et même il paraît légitime de penser qu'en usant de procédés analogues à ceux mis en œuvre par Norman Lockyer, on parviendra à calculer d'une façon approximative l'époque à laquelle nos ancêtres néolithiques ont érigé quelques-uns de ces curieux monuments.

Il est regrettable que le savant ouvrage de l'astronome anglais n'ait pas été traduit en notre langue. Bien qu'il ait été édité en 1906 et réimprimé à Londres en 1909, il semble n'avoir été que rarement mis à contribution par les archéologues français.

Pour ne citer qu'un exemple, on peut s'étonner que Déchelette, lorsqu'il publia en 1908 le premier volume de son *Manuel d'archéologie préhistorique*, n'ait pas dit un mot des dispositions si remarquables du cercle de Stonehenge, dispositions qui venaient de permettre à Norman Lockyer de faire voir quel secours inattendu l'astronomie peut apporter à la préhistoire. Déchelette cependant ne pouvait, de propos délibéré, négliger l'opinion d'un savant dont l'autorité et la compétence ne sont pas contestables. S'il n'a pas parlé du livre de Norman Lockyer, c'est sans doute qu'il ne l'a pas connu. Pour ce motif et pour d'autres encore, le chapitre consacré par Déchelette à l'étude des monuments mégalithiques [1] serait à refaire. C'est une preuve des inconvénients qu'il peut y avoir pour un archéologue à ignorer

[1] *Manuel d'archéologie préhistorique*, t. I, chap. IV, p. 431 à 447.

les travaux d'un mathématicien, lorsque ce mathématicien prend goût à l'archéologie.

Il est vrai que la découverte faite à Stonehenge par Norman Lockyer est fondée sur des théories astronomiques relatives au mouvement de la terre autour du soleil et que ces théories sont en général peu familières aux préhistoriens. Mais, sans entrer dans le détail des calculs algébriques, on peut, je crois, se faire une idée de la méthode suivie par l'illustre astronome anglais.

Lorsque fut édifié le cercle de pierres de Stonehenge, un observateur placé au centre du monument, voyait, le 21 juin, jour du solstice d'été, apparaître à l'horizon le premier rayon du soleil levant en un point, où le soleil ne se lève plus aujourd'hui. En effet, à l'heure actuelle, la ligne de visée du soleil levant au 21 juin se trouve plus éloignée du nord que dans les temps préhistoriques. L'angle que cette ligne forme avec la direction du nord grandit lentement de siècle en siècle, et sa variation est soumise à une loi astronomique bien connue, celle de la variation séculaire de l'obliquité de l'écliptique.

Il en résulte que, si l'on peut déterminer exactement la ligne de visée du soleil levant au 21 juin telle qu'elle fut repérée par les constructeurs du cercle de Stonehenge, on en déduira par des calculs très simples la date même du monument. La difficulté est de jalonner avec la précision suffisante cette ligne de visée primitive, afin de mesurer son azimut.

A Stonehenge le problème a pu être résolu par Norman Lockyer d'une façon satisfaisante. En effet, tout d'abord on connaissait le point d'observation qui est le centre du cercle. Ce cercle, dont le diamètre est de 30 mètres environ, est composé de 30 menhirs bien taillés de quatre mètres de hauteur, réunis les uns aux autres par des linteaux avec tenons et mortaises pratiqués dans la pierre. C'est assez dire que nous sommes là en présence d'une construction plus grandiose et plus soignée que celle des monuments analogues qui subsistent en France.

Du centre de ce cercle rayonne une large avenue formée de deux talus parallèles avec fossés que l'on peut suivre sur une distance de plus de 300 mètres. L'axe de cette avenue est orienté vers le soleil levant au solstice d'été. Il aboutit d'une part au centre du cercle et, d'autre part, à une butte artificielle qui servait à l'origine de point de visée et qui est située à l'horizon, sur une colline, à douze kilomètres de distance. La direction de cet axe, ainsi jalonné sur une longueur de plusieurs kilomètres, a donc pu être déterminée à partir du centre du cercle avec une grande précision. Elle forme avec la direction du nord un anglé de 49°,34′,18″, qui constitue l'azimut du premier rayon du soleil levant, observé le 21 juin par un homme debout au centre du cercle de Stonehenge à l'époque où ce cercle fut construit.

C'est en se servant d'un théodolite, instrument d'optique qui lui permettait de mesurer les angles avec beaucoup d'exactitude, que Norman Lockyer a pu établir, à quelques secondes près, non seulement l'azimut de l'axe du monument, mais encore la latitude du centre du cercle et la hauteur du point de l'horizon où apparaissait autrefois le premier rayon du soleil au jour du solstice d'été. Avec ces données, il a calculé la date de Stonehenge, et a trouvé pour cette date l'an 1680 avant J.-C. Mais il a eu bien soin de noter que cette date n'était qu'approximative.

En effet, on est obligé d'introduire dans les calculs des valeurs comme celle du diamètre apparent du soleil qui varie suivant les siècles, ou comme celle de la réfraction qui varie suivant la température et la pression barométrique, Il peut en résulter dans une donnée essentielle, comme celle de la hauteur du soleil levant, une erreur de une à deux minutes, erreur susceptible d'entraîner dans la détermination de la date une différence d'un siècle ou deux en plus ou en moins. C'est pourquoi, sans s'arrêter à l'année 1680, ·Norman

Lockyer a cru devoir adopter pour Stonehenge une date de construction comprise entre 1900 et 1500 avant J.-C.

A cette première cause d'erreur vient s'en ajouter une autre : le champ de variation de l'obliquité de l'écliptique est très petit ; il est à peine d'une minute par siècle. Les formules et les tables dressées par les astronomes pour calculer cette variation en fonction du temps sont susceptibles d'être perfectionnées au fur et à mesure que sont mieux connus les éléments du système solaire. Ainsi Norman Lockyer, en 1909, s'est servi pour Stonehenge des tables de l'astronome américain Stockwell, publiées en 1873 [1]. Un autre savant américain, Newcomb, a rectifié les tables de Stockwell et établi une nouvelle formule permettant de calculer la valeur de l'obliquité de l'écliptique à une époque quelconque [2].

En refaisant les calculs de Norman Lockyer au moyen de cette formule de Newcomb, formule qui est adoptée aujourd'hui par les astronomes, j'ai trouvé pour la date de Stonehenge non pas 1680, mais 1827 avant J.-C. On peut donc dire, après correction, que Stonehenge aurait été construit entre les années 2000 et 1600 avant notre ère.

C'est un résultat qui mérite d'être pris en considération, car, à l'heure actuelle, aucune autre méthode ne pourrait permettre d'établir avec une certitude équivalente l'âge approximatif de ce beau monument mégalithique.

Des remarques précédentes on peut conclure que les hommes qui construisirent le cercle de Stonehenge rendaient un culte au soleil, dont ils cherchaient à capter le premier rayon au matin du solstice d'été. Placés au centre

---

[1] Dans les *Smithsonian Contributions to knowledge*, vol. XVIII, n° 232, table 9.

[2] Voici cette formule, telle qu'elle figure dans la *Connaissance des Temps :* $\omega = 23^{\circ}, 27', 8'', 26 - 468'', 44\, t - 0'', 60\, t^2 + 1'', 83\, t^3$. Dans cette formule, ω est la valeur de l'obliquité de l'écliptique ; t est le temps compté à partir de 1900 et exprimé en milliers d'années tropiques. Cette formule a été adoptée, avec quelques autres données fournies par Newcomb, à la suite de la Conférence internationale des étoiles fondamentales, réunie à Paris en 1896.

du cercle, ils guettaient l'apparition de ce premier rayon au sommet d'une butte artificielle située à l'horizon sur une colline éloignée. Mais, s'ils célébraient le 21 juin l'apparition du premier rayon du soleil levant, il est non moins certain qu'ils adoraient en même temps le soleil au moment où l'astre du jour, complètement levé, se montrait tout entier au-dessus de l'horizon, et ce culte du soleil tangent à l'horizon semble bien être plus ancien que celui du premier rayon.

On en a, à Stonehenge même, une preuve curieuse. J'ai déjà parlé de la large et longue avenue, qui, se détachant du cercle de Stonehenge, se dirige vers le lever du soleil au solstice d'été. Or, à l'intérieur de cette avenue, à une distance de 76 mètres mesurés à partir du centre du cercle, se dresse une pierre isolée appelée le Pied-du-Moine. Cette pierre n'est pas sur l'axe de l'avenue, mais sensiblement à main droite, à un mètre environ. Norman Lockyer a calculé qu'à l'origine, lorsque, étant au centre de Stonehenge, on observait à l'horizon, le 21 juin, l'apparition du premier rayon du soleil, on voyait, quelques instants après, le soleil complètement levé se poser verticalement sur la pointe de cette pierre appelée le Pied-du-Moine. Cela se passait il y a environ 4.000 ans, mais il n'en est plus de même aujourd'hui.

Il semble donc que les constructeurs de Stonehenge aient voulu rendre un culte non seulement au premier rayon du soleil levant mais encore au soleil se montrant dans tout son éclat au sommet de la pierre.

Norman Lockyer a fait une autre remarque intéressante. Ce menhir qu'on nomme le Pied-du-Moine ne semble pas avoir été érigé à la même époque que les monolithes à linteaux qui composent le cercle de Stonehenge. Ceux-ci, de grande dimension, sont soigneusement taillés et travaillés : mais on ne saurait en dire autant du Pied-du-Moine qui est mal dégrossi et qui est semblable à trois autres pierres dont l'une porte le nom de Pierre-du-Massacre. Ces trois pierres ou menhirs grossièrement taillés et travaillés sont les derniers vestiges d'une enceinte circulaire plus ancienne que l'enceinte actuelle. Norman Lockyer n'a pas indiqué avec une précision suffisante où était le centre de cette enceinte disparue. Il dit simplement que ce centre se trouvait à 1 m. 20 environ du centre du cercle actuel.

Il y a peu d'années, en 1920, l'observation faite par Norman Lockyer a été confirmée par des fouilles qui ont mis au jour à Stonehenge une suite de trous pratiqués dans la marne. On a trouvé au fond de ces trous des ossements humains calcinés, mélangés à des cornes de cerf. Ces trous, à l'origine, servaient de fondation à des menhirs disparus aujourd'hui. Ils sont rangés en cercle [1], et à ce cercle appartiennent les trois menhirs grossièrement taillés signalés par Norman Lockyer. L'existence d'une vieille enceinte, ayant précédé à Stonehenge celle qui est encore debout, paraît donc maintenant évidente, et le Pied-du-Moine, semblable à ces trois menhirs, se rattachait à ce vieux cercle.

On peut se demander pourquoi le centre de ce vieux cercle fut déplacé, quand, vers l'an 2000 avant notre ère, on réédifia le monument sur un plan plus important. La cause en est, je crois, très simple. En vertu de la loi de variation de l'obliquité de l'écliptique, au bout d'un certain nombre de siècles, le soleil vu du centre de ce vieux cercle ne se posait plus verticalement au jour du solstice d'été sur le sommet du Pied-du-Moine : il apparaissait sensiblement à droite, et, pour qu'il occupât la même position qu'autrefois, il fallait, de toute nécessité, déplacer le centre vers le nord.

Si nous savions très exactement la valeur de ce déplacement du centre opéré vers l'an 2000, et si nous connaissions

---

(1) Voir un compte rendu de ces fouilles dans la revue anglaise *Nature*, t. CV, p. 209 (avril 1920).

avec précision la hauteur du Pied-du-Moine, on aurait les éléments suffisants pour calculer l'espace de temps qui s'est écoulé entre l'érection du vieux cercle et la construction du cercle actuel de Stonehenge.

Etant entré en correspondance avec Norman Lockyer quelque temps avant sa mort, je lui avais écrit pour lui demander de me fournir toutes ces mesures qu'il n'avait pas données avec une exactitude assez grande dans son livre sur Stonehenge. Il me répondit le 20 février 1919 : « Je suis » désolé de ne pouvoir vous aider en ce qui concerne Stone- » henge. Je suis maintenant trop vieux pour y aller et toutes » mes notes et instruments sont dispersés. »

Je ne sais si depuis 1919 les archéologues anglais ont poursuivi ce travail que j'aurais voulu pouvoir faire moi-même. Il semble en tout cas que les fouilles de 1920 leur auront permis de déterminer définitivement le centre du vieux cercle et ils doivent avoir les données suffisantes pour résoudre le problème.

Je ne puis donc proposer une date même approximative pour la construction de la plus vieille enceinte de Stone-henge : il y a cependant quelques conclusions intéressantes à tirer des remarques faites par Norman Lockyer. La pre-mière, c'est qu'à l'origine, pour adorer le soleil à son lever aux jours des solstices, les néolithiques dressaient une pierre à une certaine distance en dehors de l'enceinte qui leur ser-vait de temple, et que, placés au centre de cette enceinte, ils célébraient les fêtes solsticiales au moment où l'astre du jour venait comme un point sur un I se poser au sommet de la pierre extérieure.

Mais, comme il est naturel aux hommes de chercher tou-jours le progrès et de vouloir perfectionner sans cesse les procédés de leurs devanciers, il arriva qu'au cours des siècles, les constructeurs des monuments mégalithiques eurent l'idée d'éloigner de plus en plus de l'enceinte sacrée la pierre sur laquelle le soleil venait se poser au jour du solstice. Plus la pierre était éloignée et plus, en effet, il y avait de personnes qui pouvaient contempler le spectacle. Le temps vint où l'on transporta cette pierre à de grandes distances, jusqu'au haut des collines formant la limite de l'horizon. Plus tard encore, on remplaça la pierre ou menhir par une butte artificielle au sommet de laquelle on chercha à capter le premier rayon du soleil levant.

Nous avons vu qu'à Stonehenge, vers l'an 2000 avant J.-C., on réalisa, à la fois, deux de ces systèmes d'observation, le plus ancien et le plus récent. Le système intermédiaire, qui consiste à observer le soleil posé sur la pointe d'un menhir au haut d'une colline à l'extrémité de l'horizon, a été employé par nos ancêtres néolithiques dans le golfe du Morbihan.

Toutes les personnes qui s'intéressent à la préhistoire connaissent le curieux monument, en partie détruit par la mer, que M. de Closmadeuc a découvert en 1866 au milieu du golfe dans la petite île d'Erlanic. Comme l'a reconnu avec sagacité le savant archéologue vannetais, ce monument se composait à l'origine de deux enceintes circulaires tangentes l'une à l'autre. Au point de contact des deux cercles se dressait un énorme menhir de plus de 7 mètres de hauteur. Ce menhir cassé en deux morceaux, est aujourd'hui couché sur la grève; il a été fort heureusement laissé en place lors d'une restauration récente, qui a détruit le véritable caractère du monument. Il formait le centre des deux enceintes, dont l'axe, orienté du nord au sud, mesurait environ cent mètres de longueur.

En se plaçant au point de contact des deux cercles et en regardant l'horizon dans la direction du soleil levant au solstice d'été, on aperçoit, au haut de la côte de l'Ile-aux-Moines qui limite l'horizon, les maisons du village de Kergonan. Parmi ces maisons, il en est une que l'on découvre au premier plan et qui s'appelle Men-Colas. Men-Colas est le nom d'un très beau menhir sur lequel la maison est bâtie.

L'histoire du menhir et de la maison a été racontée en 1885 à M. Ernest Rialan par le propriétaire, Jean Béven qui avait alors 81 ans [1].

Du récit de Jean Béven et de ce que m'a rapporté à moi-même sa petite fille Mme Luco, il résulte qu'en 1810, la pierre de Men-Colas était encore debout et qu'elle se dressait tout à côté de l'emplacement où le père de Jean Béven voulait construire sa maison. En creusant les fondations, on fut obligé d'enlever une partie des pierres qui servaient à caler le menhir, et, comme celui-ci risquait de tomber, on l'étaya solidement. Mais un jour le menhir brisa ses étais et tomba en travers de la fondation. Ne pouvant ni le relever, ni même le déplacer, à cause du poids de la pierre, Béven se résolut à bâtir sa maison par-dessus. Aujourd'hui le menhir forme une partie du dallage de la chambre princi-pale; il passe sous la fondation et sort dans le jardin. J'en ai fait dégager l'extrémité le 9 septembre 1916 : la partie, enfouie dans le jardin, mesure 0^m82 de longueur. Dans son ensemble la pierre a 4^m50 environ de long sur 1^m45 de large. Elle est en granit bleu d'un très beau grain.

Les circonstances de sa chute étant connues, on pourrait redresser le menhir de Men-Colas dans la position exacte qu'il occupait en 1810. Si, sur l'emplacement de sa base, on plante verticalement une mire assez large pour être aperçue d'Erlanic, qui est à 4 kilomètres de distance, on peut, en se postant au point de tangence des deux cercles d'Erlanic, viser cette mire avec un théodolite. Or, cette ligne de visée, prolongée de 65 mètres au delà de Men-Colas, tombe exac-tement au centre d'un des plus beaux monuments mégali-thiques qui existent en France à l'heure actuelle.

Je veux parler du monument situé à l'intérieur de l'Ile-aux-Moines et désigné habituellement sous le nom de crom-lech de Kergonan. Ce cromlech, ou plutôt cette enceinte

---

(1) Cf. Ernest RIALAN, *Découvertes archéologiques dans le Morbihan en 1884 et 1885*, Vannes, Lafolye, 1885, in-8°, p. 14.

mégalithique, dont le plan est difficile à relever à cause des habitations, des murs et des haies qui le divisent en plusieurs parcelles, est d'une régularité et d'une symétrie remarquables. Son axe principal est dirigé vers le lever du soleil au solstice d'hiver, tandis que la ligne qui réunit son centre à celui d'Erlanic indique, comme nous l'avons vu, la direction du lever du soleil au solstice d'été. Ces deux lignes solsticiales sont si bien les lignes fondamentales de l'enceinte sacrée de Kergonan qu'elles se coupent au centre du monument, dont deux des principaux côtés leur sont perpendiculaires. On peut dire pour Kergonan, d'une façon aussi certaine que pour Stonehenge, que c'est un temple solaire, où l'on célébrait des fêtes solsticiales.

La ligne qui réunit le centre d'Erlanic au centre de Kergonan en passant par la pierre de Men-Colas, offre l'avantage d'avoir une longueur de plusieurs kilomètres, ce qui permet de déterminer sa direction avec toute la précision désirable.

En me servant d'un théodolite, placé au point de tangence des deux cercles d'Erlanic, là où se dressait le grand menhir central, j'ai mesuré dans la nuit du 10 au 11 septembre 1919 l'angle que forme cette ligne avec la direction de l'étoile polaire. Après corrections, j'ai trouvé pour l'angle de cette ligne avec le nord, c'est-à-dire pour son azimut, 52°,40'.

Le problème à résoudre était de savoir quelle était la valeur de l'obliquité de l'écliptique, lorsque cet azimut de 52°,40' correspondait à celui du soleil se posant verticalement au jour du solstice d'été sur la pointe de Men-Colas. Il fallait, pour calculer cette valeur de l'obliquité de l'écliptique, connaître non seulement l'azimut du soleil, qui est de 52°,40', mais encore la latitude du poste d'observation, c'est-à-dire du centre d'Erlanic, qui est de 47°,34',2", et la hauteur réelle du soleil au moment où il apparaissait au sommet de Men-Colas. Cette hauteur est égale à la hauteur apparente du sommet de Men-Colas, soit 17', + la parallaxe (8", 8), + le demi-diamètre du soleil, en tenant compte de l'excentricité plus grande alors qu'à présent (15′,50″), — la réfraction (30′). Ce total de la hauteur réelle du soleil est de 3′ environ.

Avec ces données, j'ai obtenu pour la valeur de l'obliquité de l'écliptique : $\omega = 24°,11′,5$ environ [1]. En admettant une erreur d'une minute et demie en plus ou en moins à cause de l'impossibilité où j'étais d'avoir, avec le théodolite dont je me suis servi, les angles à la seconde, on aura pour l'obliquité de l'écliptique une valeur comprise entre $24°,10′$ et $24°,13′$. Ce qui, en appliquant la formule de Newcomb, correspond à une époque voisine de l'an 5000 avant notre ère [2].

Il ne faut pas perdre de vue ce qu'indique cette époque : c'est celle à laquelle un observateur, placé au point de contact des deux cercles d'Erlanic, voyait au jour du solstice d'été le soleil apparaître tout entier au-dessus du menhir de Men-Colas. Etant donné que les constructeurs de l'enceinte de Kergonan ont manifestement utilisé cette ligne solsticiale, il s'ensuit que Kergonan daterait, comme Men-Colas, d'une époque voisine de l'an 5000 avant J.-C. [3].

Une autre conclusion à tirer de là, c'est que l'enceinte d'Erlanic existait avant que Men-Colas et Kergonan aient été édifiés. Cela donne à Erlanic une antiquité qui pourra causer de la surprise à bien des archéologues; mais la surprise sera moindre si l'on songe à la grandeur des phénomènes géologiques qui se sont produits autour de cet îlot

---

(1) La formule à appliquer est la suivante :

$$\sin \omega = \cos \alpha \cos \varepsilon \cos \lambda + \sin \varepsilon \sin \lambda,$$

dans laquelle ω est l'obliquité de l'écliptique, α l'azimut du soleil, ε la hauteur réelle du soleil, et λ la latitude.

(2) D'une façon plus précise, la date serait comprise entre 4900 et 5800 av. J.-C.

(3) On pourrait objecter que ce ne fut pas le soleil tout entier, mais seulement son premier rayon qui fut visé au sommet de Men-Colas. Le calcul prouve que, dans cette hypothèse, Men-Colas et Kergonan auraient été construits vers l'an 550 avant J.-C., c'est-à-dire 1.000 à 1.500 ans après Stonehenge. Or, Stonehenge, avec ses grands menhirs à linteaux, soigneusement taillés et appareillés, est d'une architecture beaucoup plus évoluée que celle de Kergonan. Il n'est donc pas vraisemblable que Kergonan lui soit postérieur.

depuis que les deux cercles mégalithiques y ont été construits [1].

On s'étonnera sans doute aussi de ce que la civilisation mégalithique et le culte solaire, qui en est une des caractéristiques, se soient prolongés pendant plusieurs millénaires en nos contrées d'Occident. En effet, entre l'époque où fut édifié Kergonan et celle où Stonehenge fut bâti, trois mille ans environ se seraient écoulés sans que des modifications très sensibles se soient produites dans l'architecture des enceintes sacrées ou dans le culte rendu au soleil. Mais il faut se souvenir que quelque chose d'analogue s'est passée un peu plus tard en Egypte, où l'art et la religion, sous les dynasties pharaoniques, n'ont guère varié pendant plusieurs milliers d'années.

Si les résultats que j'ai obtenus par le calcul en me servant d'un théodolite ordinaire, ainsi que du cadastre et de l'excellente carte marine du golfe du Morbihan dressée par les ingénieurs hydrographes, si ces résultats, dis-je, étaient confirmés par de nouvelles observations faites par des géodésiens, munis d'instruments de précision que je n'avais pas à ma disposition, il en découlerait des conséquences d'un grand intérêt pour l'histoire des civilisations primitives.

L'une de ces conséquences serait l'explication des rapports maintes fois signalés entre les tumulus du Morbihan et les pyramides, entre les menhirs et les obélisques, entre les alignements mégalithiques et les longues avenues de sphinx, indiquant le principal accès des temples d'Egypte.

Si la civilisation néolithique des bords de l'Océan Atlantique a précédé la civilisation égyptienne, tout pourrait s'expliquer par une influence exercée par la première sur la seconde : cette influence, d'ailleurs, se comprendrait d'autant mieux que les constructeurs des monuments mégalithiques connaissaient la navigation et qu'on trouve des

---

(1) On sait que, par suite de l'affaissement du sol, la plus grande partie de l'enceinte mégalithique d'Erlanic est aujourd'hui couverte par la mer.

traces de leur culte funéraire, non seulement sur les côtes de l'Océan, en Irlande, en Angleterre, en France et en Espagne, mais aussi sur les côtes de la Méditerranée, en Afrique et jusqu'en Syrie.

Ce serait une précieuse confirmation de la thèse qui fit tant de bruit, il y a trente-cinq ans, dans le monde savant, thèse séduisante, exposée avec hardiesse, mais avec une science incontestable par M. Salomon Reinach. Cette thèse, que M. Reinach a résumée sous le titre de *Mirage oriental* [1], consiste à réfuter la doctrine répandue parmi les philologues et les préhistoriens, à savoir que la lumière vient d'Orient, et que c'est de l'Inde, de Chaldée et d'Egypte que nos pays d'Occident ont reçu les rudiments de la civilisation. M. Reinach s'est appliqué à créer une réaction contre ce mirage oriental, et il a revendiqué « les droits de l'Europe contre » les prétentions de l'Asie dans l'œuvre obscure des pre- » mières civilisations [2] ».

Avant de terminer cette étude, qu'il me soit permis de dire qu'il me paraît désirable que l'on poursuive en Bretagne les recherches scientifiques que Norman Lockyer a faites pour la première fois en Angleterre il y a une vingtaine d'années. Si, par de nouvelles découvertes, on se persuadait que la civilisation mégalithique dans le Morbihan remonte à cinq ou six mille ans avant notre ère, bien des conceptions archéologiques admises aujourd'hui seraient à réviser, et l'on serait heureux de sortir de l'état d'incertitude où l'on se trouve, quand il s'agit d'attribuer une date quelconque aux ruines imposantes de ces tumulus, de ces alignements, de ces enceintes sacrées, répandus dans les îles du golfe et dans les pays d'alentour.

René MERLET.

Ile-aux-Moines, 15 juillet 1928.

(1) Cet article a paru dans l'*Anthropologie*, t. IV, année 1893.
(2) *Ibid.*, p. 541.

DIVISION DE LA PROPRIÉTÉ NOBLE
EN BRETAGNE

Ceux qui ont étudié le régime seigneurial ont été frappés par le grand nombre de seigneuries qui émaillaient le sol de la Bretagne et par l'émiettement de la terre noble.

Cet état ressort principalement des réformations et des montres depuis le xiv° siècle, des terriers de la fin du régime et des aveux dispersés dans nos archives privées et publiques.

Les raisons qui ont entraîné cette division exagérée de la propriété noble et de la justice nous échappent à prime abord, d'autant qu'à travers ces mêmes archives et les actes que nous ont transmis les ouvriers de l'histoire de Bretagne, les érections sont extrêmement rares et, s'il en existe, celles-ci ne répondent aucunement au développement numérique des fiefs dans notre province. Nous allons essayer d'indiquer les circonstances qui ont amené, dès le commencement du moyen-âge, le démembrement de la propriété noble et du fief.

⁜

La Borderie, dans un essai géographique, a esquissé la division féodale de la Bretagne après que l'unité territoriale eût été refaite au profit du duc et que celui-ci eût usé de son pouvoir pour constituer un nouvel édifice social et militaire. On distingue sur la carte féodale de cette époque les apa-

4

nages de la maison souveraine, les fiefs ecclésiastiques, les fiefs frontières et maritimes donnés, il va sans dire, à des soldats valeureux, enfin un grand nombre de fiefs de moindre importance cédés aux plus fidèles défenseurs de la cause bretonne et, dispersés sur toute l'étendue du territoire, les domaines ducaux faisant contre-poids à cette division du pouvoir. [1].

Après avoir refoulé les Normands, les chefs de la Bretagne Armoricaine comprirent que, seule, une organisation militaire fondée sur l'attachement au sol pourrait résister à une nouvelle invasion; ils firent de l'homme armé, non plus le soutien d'une cause morale, mais le défenseur d'un bien réel. Le bienfait viager qui avait été jusqu'alors à la base de l'institution civile et militaire fut remplacé par la cession d'un bien, devenu presque aussitôt héréditaire. C'est l'origine du fief et de la féodalité territoriale. Alain Barbe-Torte et ses successeurs n'eurent d'ailleurs que le mérite d'appliquer à la Bretagne le principe instauré en France par Charles Martel et les souverains carolingiens.

Le souverain accordait au vassal un bénéfice portant sur une étendue de terre plus ou moins importante, à charge, pour le concessionnaire, de servir, non plus seulement de sa personne, mais avec un nombre de vassaux proportionnel à l'importance du bénéfice. Il faisait ainsi porter sur un nombre restreint de personnes la charge et la responsabilité du recrutement, de l'équipement, de l'entretien et du commandement des hommes qui devaient composer l'armée (l'ost). Ces feudataires relevaient directement du duc.

Par voie de conséquence et pour assurer le recrutement inférieur, de la concession originelle découlèrent, par droit du feudataire, d'autres concessions territoriales qui compo-

---

(1) A. DE LA BORDERIE, *Essai sur la géographie féodale de la Bretagne.* — *La Bretagne au XI* siècle. Sa réorganisation politique et religieuse (Revue de Bretagne et de Vendée*, 1875). — Il faut cependant admettre la thèse du grand historien avec une certaine réserve, car il est difficile de penser qu'au cours d'une époque aussi troublée, la réorganisation de la Bretagne ait été commandée par des principes absolus et arbitraires.

sèrent les mouvances d'arrière-fief. Celles-ci gagèrent les services des vassaux inférieurs.

La seigneurie est un Etat en réduction et ce fut, entre seigneurs, à qui s'entourerait du plus grand nombre possible de vassaux fieffés. Les barons, outre les grands dignitaires et les officiers qu'ils créèrent dans leur entourage à l'exemple de la cour ducale, voulurent être suivis d'un nombre respectable de chevaliers et avoir une compagnie d'armes suffisante pour affirmer leur puissance et, au besoin, soutenir leurs prétentions personnelles. Ce fut le mobile de la création, par eux-mêmes, d'un nombre de bénéfices ou de fiefs vassaliques considérable, à ce point qu'on tomba dans un excès contraire au but visé touchant la force armée.

De concession en concession, on en arriva à diminuer le bénéfice, jusqu'à rendre celui-ci incapable d'assurer au vassal l'équipement d'un simple homme d'armes ou d'un cavalier.

Il y eut toute une hiérarchie de fiefs établie sur l'étendue et l'importance du bénéfice. Au sommet de l'ordre féodal sont les grandes baronnies, puis les fiefs de haubert ou de chevalerie qui devaient fournir à leur titulaire l'équipement du chevalier et de ses compagnons d'armes..... au dernier degré sont les fiefs liges, incapables souvent de supporter même le service restreint. Plus tard, quand le devoir de l'ost aura fait place aux assises des Etats de la Province, et que le morcellement de la propriété noble aura encore augmenté, certains gentilshommes ne trouveront plus sur leur terre de quoi se vêtir honorablement pour siéger avec leurs pairs.

Les inféodations servant de gage au service de l'armée ne marquent, pour ainsi dire, que la première phase dans l'œuvre du démembrement des fiefs, celle du début, de l'organisation féodale. L'hérédité qui assurait la longévité du régime entraîna les divisions successorales et la pleine propriété du bénéfice autorisa les afféagements et les donations à titre de pur bienfait.

A l'origine, aucune règle ne préside à la transmission du patrimoine noble. Hévin a soutenu que l'indivisibilité des terres existait dès les premiers temps de la féodalité et que l'aîné seul succédait au père. Il a pu citer des exemples à l'appui de son opinion; mais celle-ci se trouve infirmée par des exemples, non moins fréquents, de divisions successorales dans le Penthièvre, apanage de la maison ducale, dans les grands fiefs de Léon, de Porhoët, de Largoët, de Gaël-Montfort... etc. En réalité, si le droit d'aînesse était admis, il était appliqué avec de nombreux tempéraments et souvent même complètement oublié. Une telle pratique conduisait tout droit à la destruction des grands fiefs qui étayaient l'édifice politique.

Pour parer à cet inconvénient, Geoffroi II duc de Bretagne, d'accord avec l'assemblée des évêques et des principaux feudataires du duché, rendit en 1185 une Ordonnance pour interdire le démembrement des baronnies et des fiefs de chevalerie et prescrire que les puînés n'auraient droit qu'à une provision alimentaire. L'Ordonnance, ou Assise, laisse entendre, qu'avant cette date, on partageait les terres entre frères au grand détriment du pays; elle stipulait que, à l'avenir, l'aîné aurait la saisine intégrale de la succession et que les cadets ne pourraient plus émettre aucune prétention quant au partage du fief patrimonial [2].

(2) PLANIOL, *Très anc. Coutume de Bretagne*, p. 323 : « Otreames que en baronies et en fiez des chevaliers ne fussent fetes parties des ores en avant, mais l'ainzné tenust enterinement la seignorie e porvoist au joveignors e lor trovast ce que mestier lor seroit selon sun poier... ». Depuis le XVIIe siècle, maintes discussions ont été engagées sur la valeur du terme de « baronies » employé dans l'Assise et la question n'a point été élucidée. La Borderie comprend dans ce titre toutes les seigneuries relevant directement du duc. Cette explication paraît trop large. Hévin donne comme degrés dans la hiérarchie des fiefs : les comtés, baronnies, chevaleries, fiefs d'écuyers, sergenteries, et il estime que la circonscription de l'ancien comté devait contenir deux baronnies et trois châtellenies, ou bien une baronnie et six châtellenies. Le fief de chevalerie est une haute justice qui doit fournir à son possesseur les pleines armes de chevalier, c'est à dire de quoi suivre son seigneur féodal en équipage et en train de chevalier (P. HÉVIN, *Consultations sur la Coutume*, cons. 107, 3e obs.).

Les principales dispositions de l'Assise étaient déjà en application en Normandie, Touraine, Maine et Anjou, provinces patrimoniales d'Henri II Plantagenet, père de Geoffroi II.

Pour les seigneuries qui n'étaient pas spécialement visées dans l'Assise, il va sans dire, qu'aucun changement n'intervint de ce fait; le droit commun subsista [3].

Cependant, en ce qui concerne les baronnies et les fiefs de chevalerie, on trouva rapidement des atténuations aux rigueurs de la prohibition. L'application de la provision alimentaire, ou pension viagère, fut détournée de sa signification exacte. « Bientôt, dit Planiol, le partage en rentes que l'Assise autorisait par opposition au partage en propriété se fît par assiette, c'est-à-dire par assignat d'une partie des terres aux puînés qui en percevaient les revenus. Mais, ce qu'il y eut de plus grave, les puînés obtinrent fréquemment un véritable démembrement du fief et se firent attribuer un lot en pleine propriété [4] ». Il restait, si l'on veut, quelque chose du principe d'indivisibilité, en ce sens que la dignité et le titre du fief ne se communiquaient pas et que les éclipses des baronnies étaient seulement des châtellenies ou de simples hautes justices; il n'en est pas moins vrai que ces démembrements étaient en violation de l'Assise, même si l'on se retranche derrière le principe de la liberté des donations. Tout au plus, le duc Geoffroi laissait-il aux aînés la faculté d'afféager, en faveur des cadets, des portions du domaine, et de disposer des fiefs entérins, c'est-à-dire indépendants du fief patrimonial [5].

On pourrait rappeler ici ce que disait Maître Guillaume Macé qui travailla plus tard à la réformation de la Coutume : Telle est l'ordonnance, « néanmoins tous les jours est pra-

---

(3) Ce partage se faisait « par accommodement », parfois *per capita*, parfois, suivant une idée plus ou moins stricte du droit d'aînesse, au tiers généralement, dont l'usage finit par dominer et devenir la règle.

(4) PLANIOL, *L'Assise du comte Geoffroi* (Extrait de la *Revue historique de droit français et étranger*, 1888).

(5) « L'idée fondamentale est plus d'empêcher le démembrement de la seigneurie que de priver les puînés d'une part de la succession ». « L'Assise n'excluait point le partage en propriété lorsqu'il y avait plusieurs terres, provenant d'acquêts ou de fiefs enterins ». « Si l'aîné n'était point obligé de diviser la baronnie ou le fief de chevalerie, il pouvait en afféager une part à ses cadets » (P. HÉVIN, *Consultations...*).

tiqué au contraire » [6]. A l'exception de quelques hautes seigneuries, progressivement l usage s'établit de donner aux
puînés leur part en propriété, même par démembrement de
la seigneurie principale. Ce qui prouve que les écrits peuvent
peu de chose quand ils sont à l'encontre des dispositions
naturelles et que, du fait de la vie, tout corps constitué se
divise, se dissocie, jusqu'à la destruction.

Le mariage des filles a été également la cause de démembrements et le motif de seigneuries nouvelles. L'Assise y
souscrit formellement et il est intéressant de noter qu'à une
époque si éloignée de la nôtre, la femme ait trouvé une si
grande assistance familiale. La terre qui n'était pas démem-
brée pour les fils, l'était pour les filles au mariage de
celles-ci. Une dot (*maritagium*) devait leur être fournie sur
la terre et en pleine propriété, « à héritage » suivant
l'expression du temps, et s'il n'était possible d'y pourvoir
autrement, le père entamait son fief principal [7]. Car il
importait de procurer à la fille le moyen de contracter une
puissante alliance qui servait beaucoup alors à soutenir
l'honneur d'une Maison. Quoiqu'elles ne fussent pas héri-
tières, elles étaient héritagères. L'importance de la dot était
laissée à la faculté de l'aîné qui exerçait aussi son autorité
sur le choix de l'époux; sa sœur devait être « aparagée »,
c'est-à-dire mariée tout au moins à un homme d'égale condition.

La fixation au tiers de la part des puînés s'est introduite
en Bretagne par l'usage et n'a jamais fait l'objet d'une
réforme législative [8]. La Très Ancienne Coutume (1312)
parle, sans autre précision, pour les juveigneurs, de la

----

(6) PLANIOL, *La Très Ancienne Coutume de Bretagne*, p. 212.

(7) L'usage pour les filles n'a jamais varié. « Tous les textes qui parlent de
la portion de la fille parlent de la déterminer par héritage » (Hévin). Cependant, de son consentement, la fille se contentait parfois d'une dot en deniers.
La *Petite Coutume* énonce même que les père et mère peuvent donner à l'aînée,
de leur fief gentil, plus que son droit. Mais la réformation de 1580 supprima
de son texte ce nouvel avantage.

(8) PLANIOL, *L'Assise.*

« pourveance sur le grant de la terre [9] ». L'Ancienne Coutume (1539) parle d'un tiers, mais encore à viage. Il faut parvenir à la Coutume de 1580 pour voir le bienfait viager transformé en héritage incontesté.

La réforme de 1580, à laquelle a contribué largement d'Argentré, porte sur les points suivants : le préciput de l'aîné est fixé aux deux tiers sans compter le manoir principal avec son pourpris et ses bois de décoration; les puînés, tant fils que filles, ont droit à un tiers par héritage qui sera partagé en portions égales; le partage est ainsi établi pour toutes les terres nobles sans distinction. En vue de ménager la susceptibilité des anciennes familles restées fidèles aux règles dictées par le duc Geoffroi, l'indivisibilité et le viage sont maintenus au profit de ces anciens barons.

L'Assise était une loi essentiellement militaire et n'avait plus le même objet à une époque où les bandes armées, précurseurs des armées permanentes, avaient remplacé l'ost du duc. Le système féodal de succession fit place à un régime purement nobiliaire.

L'action incessamment renouvelée des partages successoraux créait tous les jours de très petits fiefs. Les aliénations partielles contribuèrent encore à ces démembrements.

A propos de l'application de l'Assise, nous avons vu que les donations restaient permises; les seigneurs en usèrent vis-à-vis, tant des membres de leur famille, que des étran-

---

(9) PLANIOL, *La T. A. C.*, chap. 210. La pseudo-ordonnance de Jean II, qui est une compilation de règles coutumières du commencement du XIVe siècle, est peut-être le premier texte officiel qui délimite la part des puînés : « Gentilhomme ne peut donner à ses enfants puînes, de son heritage, que le tiers ». « Si les puinés demandaient leur part à leur aîné, il leur fera le tiers de la terre par droit » (PLANIOL, p. 473 et suiv.). On peut considérer ceci comme l'expression du droit le plus généralement répandu à cette époque. Le partage des deux tiers au tiers deviendra la règle du gouvernement noble.

gers. Le besoin d'argent provoqua des aliénations onéreuses; le désir de faire des aumônes aux églises et aux
établissements religieux, de doter même des sœurs, de rétri-
buer des offices, de récompenser des services rendus, furent
l'objet habituel des aliénations gratuites. Pour que celles-ci
fussent valables, il fallait le consentement du suzerain, mais
ce consentement ne se refusait pas. On en arriva, dans
l'ordre de grandeur des démembrements, à rencontrer fréquemment des fiefs qui, au lieu d'un homme armé, ne
rapportaient au seigneur supérieur que l'avantage d'un fort
modique profit pécuniaire, quelques sous de relief ou de chef-
rente. Ceux trop petits pour être chargés d'un relief, le
furent d'une prestation insignifiante, telle qu'une paire
d'éperons d'or, une paire de gants blancs, un gant de faucon,
de la cire, du poivre..., etc.

Un des procédés de libéralité les plus courants était assurément l'afféagement par lequel le seigneur pouvait créer un
fief, non plus pour ainsi dire, par dédoublement, mais par
érection.

Rappelons que dans la propriété noble, dès l'origine, on
distingue le domaine du fief. Le fief est cette portion de la
seigneurie confiée à des colons, à des censitaires, chargés
de l'exploiter à des conditions plus ou moins onéreuses. Les
rentes faisaient l'objet d'un ou plusieurs rôles qui corres-
pondaient à un territoire de perception arbitraire. La justice du seigneur s'exerçait directement sur ces censitaires
devenus ses « hommes ». L'autre portion réservée par le seigneur pour être exploitée par lui-même et qui comprenait
des terres de nature diverse, des bois, des cours d'eau,
moulins..., etc., composait le domaine. Or, le domaine se
distinguait du fief, en ce qu'il relevait judiciairement, non
du titulaire de la seigneurie, mais du suzerain.

La subinféodation est de l'institution même du fief. En
concédant aux premiers seigneurs des territoires en grande
partie incultes, les souverains leur ont abandonné la dispo-

sition du fonds, leur permettant de créer, en leurs terres, des fiefs nobles ou des tenues roturières. Caractère distinctif : le fief noble ou franc-fief est exempt de redevance, tandis que le fief roturier est sujet à la rente.

Par l'acte de féage, le seigneur qui avait domaine noble transportait celui-ci, en partie ou en totalité, à titre de fief, à quelqu'un qui devenait ainsi son vassal. De ce fait, il lui revenait la foy et l hommage, la justice et tous les droits utiles ordinaires. Deux conditions essentielles étaient requises : il fallait que le domaine fût noble et que l'aliénation fut de nature gratuite, « pure et nette de toute paction sordide »; sinon, c'eût été une vente [10]. Si le féage noble comportait un devoir en deniers, ce ne devait être qu'à titre de reconnaissance du bienfait; sinon, le devoir en question était considéré comme un cens et le féage devenait un arrentement roturier [11]. Les constitutions et les Coutumes s'accordent toutes sur la faculté reconnue au seigneur d'afféager. L'opinion courante s'exprimait par ces mots : toute personne noble peut faire de son domaine noble son fief.

La conversion du domaine en fief n'est pas limitée par les textes. Hévin rapporte qu'il a vu, de son vivant, plusieurs seigneurs afféager jusqu'à la dernière motte de terre de leur domaine et même leur manoir principal [12]. Sans doute n'étaient-ils plus en situation de faire valoir leur bien et aussi avaient-ils trouvé ce moyen, à défaut d'autre aliénation, de se procurer quelques ressources, car, à la fin du régime,

---

(10) La **T. A. C.** limite les deniers de l'afféagement à 5 sols pour la signature et à 5 sols également pour le vin du contrat, ce qui correspond à la gratuité. La N. C. a porté ces 10 sols à 100 sols monnoie d'entrée par journal de terre, ce qui maintient encore la nature libérale (Hévin).

(11) Le féage roturier ou censage existait. Par celui-ci, le seigneur transposait la qualité roturière, avec l'accens, au domaine noble. Les souverains y voyaient un avantage fiscal, si bien que, dans ses Constitutions de 1420, le duc Jean imposa de n'afféager que roturièrement, afin d'augmenter ainsi ses contribuables au fouage mais ce fut abrogé. La transposition de la terre roturière en fief noble n'était pas admise ; c'eût été prétexte à de grands abus d'anoblissements.

(12) P. **Hévin** sur *Frain*, I, p. 380.

les deniers d'entrée n'étaient plus rigoureusement appliqués dans les limites de la Coutume. D'Argentré aussi parle des fiefs et bailliages par féage comme d'un usage courant et il cite à ce propos les fiefs de Fougères à Rennes, Vitré à Rennes, Matignon à Rennes, Malestroit à Dol..., etc [13].

Ceci est à noter : quel que soit le mode de concession en colonat, la terre, une fois frappée par le service d'une rente seigneuriale et soumise au fouage, ne pouvait recouvrer son caractère noble. Ainsi, le domaine congéable qui était un mode de colonisation spéciale, soumise au fouage, tenant une place intermédiaire entre l'aliénation définitive (à cens) et la rétention (à domaine), ne pouvait être afféagé noblement [14]. Le premier détachement fait à titre de convenant était considéré comme une espèce de féage roturier, en vertu duquel le seigneur acquérait sur son nouveau domanier un droit de recette, de suite à son moulin et à sa cour, de corvées..., toutes sujétions de nature roturière [15]; sans compter que le domaine congéable subissait, en partage, le droit commun des biens roturiers.

Il n'est pas douteux que les aînés eurent fréquemment recours au féage pour donner à leurs puînés une portion de l'héritage paternel, d'autant que les Ordonnances ne s'opposaient pas à ce moyen dans les hautes seigneuries du duché. Mais, quoi qu'il en soit, du démembrement par féage ou par cession d'une portion du fief, la libéralité volontaire

(13) *Ibid.*

(14) POULLAIN-DUPARC, *Actes du Parlement*, p. 768 : « Il n'est pas au pouvoir du seigneur foncier d'afféager noblement les biens qu'il aurait auparavant baillés à domaine congéable, non plus qu'au pouvoir du seigneur de fief d'afféager noblement les biens qu'il aurait précédemment afféagés roturièrement et qui seraient rentrés dans sa main » (Arrêt du Parlement de Rennes du 7 décembre 1758).

(15) C'est intentionnellement qu'ici nous ne qualifions pas « servile » la redevance en deniers, car le domaine congéable offrait cette curieuse subtilité que la rente qui y était attachée était noble, tandis que le fonds restait roturier. « C'est une maxime indubitable que les rentes dues aux seigneurs fonciers sur les convenants et domaines congéables dépendant de leur seigneurie sont nobles, réputées nobles, et comme telles partagées noblement et avantageusement dans toutes les familles nobles, quoique les colons et détenteurs soient imposés aux fouages » (POULLAIN-DUPARC, *Coutumes générales*, I, p. 502).

avait été à l'origine le principe de ces juveigneuries et il semble que le gouvernement spécial qui les distinguait des autres mouvances ait servi tout au moins à perpétuer cet acte gracieux en même temps qu'il rappelait les liens du sang.

Si l'aîné baillait en héritage à ses puînés des terres indépendantes de la seigneurie principale, ceux-ci devaient en faire la foy au seigneur lige. Mais, lorsque l'aîné démembrait à leur profit son fief gentil, il retenait sur les parties distraites, la ligence; et lui-même se chargeait de l'hommage au suzerain pour l'intégralité de sa seigneurie. Cette subinféodation, on le comprend, était au préjudice du seigneur supérieur. A cet état de choses, Philippe-Auguste, le premier, en 1210, apporta une modification importante en décidant, qu'à l'avenir, la ligence des juveigneuries passerait au suzerain. Louis IX répéta cette condition dans ses Etablissements et la Bretagne l'adopta [16].

Cependant, il fut admis, dans notre Province, que le juveigneur conservât une certaine dépendance morale vis-à-vis de son aîné. Si le suzerain obtint le proche service, la justice, et tous les émoluments ordinaires du fief (rachat, lods et ventes...), la Coutume laissa à l'aîné une féodalité, ayant assurément plus d'apparence que de profit, qu'on appela le parage. Le vassal en parage devait la foy à l'aîné, comme chef du lignage [17]; mais l'un et l'autre, au point de vue de

____

(16) **HÉVIN**, *Consultations sur la Coutume*, cons. 107, obs. 2 à 8. — Nous devons ici nous référer fréquemment à Pierre Hévin (1621-1692) qui assurément est le meilleur des jurisconsultes bretons. « Il l'emporte sur d'Argentré, dit Planiol, par la solidité de son jugement, l'étendue de sa science et surtout par son esprit critique. » Avant Planiol, Poullain-Duparc le jugeait ainsi : « Hévin est le jurisconsulte qui possède véritablement l'esprit de la loi et qui décide avec autant de netteté que de précision. Il approfondit le sens des lois, compare les coutumes. Il déracina du barreau les erreurs que d'Argentré y avait transmises. Ses études sur l'antiquité lui facilitèrent l'intelligence des anciennes constitutions des ducs, des chartes, de la Très Ancienne Coutume dont il ne laissa passer aucun mot sans qu'il en eût pénétré le véritable sens » (Préface des *Coutumes générales*, édit. 1745).

(17) « Le aisné ne doit avoir que la foy (le besier) sans aultre recognoessance de son jouveignour pour hommenage » (*La T. A. C.*, art. 226).

la hiérarchie féodale étaient paraux (pairs) et le fief démem-
bré jouissait de toutes les noblesses et des privilèges de la
seigneurie mère. La juveigneurie passait-elle en mains étran-
gères car le puîné et ses descendants en avaient la libre
disposition — le parage cessait et ne laissait place qu'au
titre d'ancienne juveigneurie [18]. Les filles héritagères étaient
exemptes de la foy à l'aîné; par contre, les hoirs issus d'elles
et leurs successeurs y étaient tenus [19].

On se demandera sans doute comment, au point de vue
de l'attribut principal du fief, la justice, se comportaient tous
les démembrements dont il vient d'être question jusqu'ici.

En France, les anciens jurisconsultes déclarent que la
justice est un droit souverain, que le roi est la source de
toute justice et que celle-ci ne peut s'exercer que par concession de sa volonté [20]. Les auteurs bretons ne pensent pas
autrement; toutefois ils doivent reconnaître que les théories
de la souveraineté ne s'accordent que relativement avec les
règles de la pratique. Sans intervention du prince, les justices se sont, en effet, divisées librement et multipliées
à loisir.

Il est vraisemblable, qu'à l'institution des fiefs, la concession de la seigneurie contenait le droit de connaître les
affaires des tenanciers et de juger leurs délits. Les grands
feudataires ayant reçu ce droit, le transmirent à leurs vassaux nobles en notifiant cependant la rétention de ressort
sur eux. Cette transmission de la justice est clairement
exprimée, prétend Hévin, dans les Coutumes du Maine et
de l'Anjou.

<hr>

(18) P. HÉVIN, *La T. A. C.*, art. 226.
(19) PLANIOL, Petite Coutume, art. 6.
(20) Au chapitre Ier de ses *Justices seigneuriales*, A. GIFFARD a développé ce
point de vue du droit.

La concession s'accordait, dans l'usage courant, par délégation tacite du droit souverain, et devint si commune qu'elle se faisait jointement à l'inféodation. On en a conclu en Bretagne que le fief ne se sépare pas de la juridiction, que la justice est incorporée au fief 'et que, généralement parlant, il n'y a pas de fief sans justice. L'usage établi apparaît pour la première fois dans les règles coutumières, dites de Jean II, qui s'expriment ainsi : Homme qui tient en paraige, tient auxi noblement et auxi gentilment comme celuy de qui il tient et à *autant de justice* en icelle terre qu'il tient en paraige [21]. Ceci s'applique spécialement aux démembrements en dot ou en partage heritel, mais cette règle n'est pas présentée comme une exception et on peut en inférer que, dans l'usage habituel, les portions démembrées de la seigneurie retiennent le degré de justice dont le corps principal est décoré [22]. Les jurisconsultes les plus notoires du xvii siècle, acceptent cette idée et la développent. « Il me serait facile, dit Hévin, de prouver avec d'Argentré, par l'usage de la Province et le texte de notre Coutume, que la justice se peut diviser par toutes sortes de titres, comme la constitution de dot. la donation, la vendition, l'échange et la prescription [23] ». Ailleurs, le savant auteur, dit que dans la réformation du domaine qu'on achève de son temps, on peut relever plus de cent exemples de châtellenies démembrées de grandes seigneuries, soit par héritage, soit par vente, qui toutes ont été maintenues dans les droits de châtellenie et de haute justice. La châtellenie elle-même peut se diviser en autant de hautes justices que de fiefs distincts, de même qu' « une moindre seigneurie qui a plusieurs bailliages en moyenne justice, peut être divisée

(21) **PLANIOL,** *La T. A. C.*, pseudo-ordonnance de Jean II, p. 475.

(22) Ce principe en faveur des juveigneuries se trouve déjà dans les Etablissements de saint Louis et il est possible que la transmission de la juridiction s'appliquât d'abord à ces démembrements et s'étendît de là à toutes les éclipses de fief.

(23) P. HÉVIN, *Consultations sur la Coutume*, cons. 64 et 108.

par bailliages, sans altération du degré de moyenne justice [24] ». Donc, après le démembrement, la nature de la terre subsiste avec toutes ses prérogatives et la justice qui lui est, pour ainsi dire, inhérente.

On peut dire que, dans un certain sens, cette pratique sauvegarde le principe de la source souveraine de toute justice et ce qui se passe pour les afféagements atteste, du moins, la persistance de cette idée.

D'Argentré estime qu'on ne peut créer juridiction nouvelle par afféagement. A la suite du féage, le fief constitué est uni à la juridiction du seigneur afféageant qui étend ainsi sa protection sur le nouveau vassal et élargit le distroit (le territoire) de son propre fief. C'est là, sans doute, l'origine des simples terres nobles sans qualité de seigneurie. Le Parlement, en 1626, reconnut que l'afféagement n'était qu'une transmutation de domaine en fief, ce dernier devait être tenu de l'afféageant, et Frain juge que, puisqu'il est permis de faire de son fief son domaine et de son domaine son fief, l'exercice de la juridiction se resserre ou se dilate selon que l'obéissance féodale en fournit l'occasion [25].

Telles étaient les règles admises au siècle de la réforme de la Coutume et postérieurement, ce qui ne veut pas dire que celles-ci aient été strictement appliquées dans le recul des temps. Il n'est pas douteux qu'il y eut dans le haut moyen-âge des abus de droit seigneurial et des cessions d'autorité privée; mais, quoi qu'il en soit, les auteurs n'en ont pu produire aucune preuve, et aussi loin que remontent nos archives, les augmentations de piliers à la juridiction criminelle sont toujours accordées d'autorité souveraine [26].

Après ce qu'il vient d'être dit de l'incorporation de la justice au fief et de la division sans restriction de la seigneurie

---

(24) P. HÉVIN, *ibid.*

(25) FRAIN, *Arrêts du Parlement*, I, n° 86. — P. HÉVIN, *Coutumes générales*, I, art. 51. — HÉVIN sur Frain, *Commentaires*, II, p. 86.

(26) Les degrés superposés ne sont pas une preuve absolue de création seigneuriale de justice, mais plutôt de démembrement d'un fief supérieur.

supérieure, il est aisé de se rendre compte de la formation des petites seigneuries qui composent la mouvance. Les titulaires ont pour obligation « de aler es armes, ou es plez, ou en gibier en l'aide du seigneur [27] », et, par contre, à cause de leurs terres, « ne doivent ni deniers, ni corvées, ni avenages, ni taille [28] ». C'est la définition des conditions de la tenue noble par la T. A. C. et si le bien est assez vaste, le vassal s'y établira en construisant « menoir, moulins et autres édifices [29] ». Suivant le revenu des domaines et du fief, le manoir en question sera une demeure castrale, un logis familial plus modeste, ou le simple hébergement noble qu'on baptisera au dernier siècle de gentilhommière.

Autour de sa demeure, devant laquelle se développe, en une sorte d'enceinte, les bâtiments annexes, le vassal présumé noble constituera le cadre indispensable : il plantera le bois qui plus tard, devenu haute futaie, fera un massif imposant de verdure autour du logis et servira à marquer son caractère privilégié — si la justice du roi veut frapper la terre du vassal félon, elle rasera la futaie et l'on dira que le manoir est « découronné », — il barrera le vallon proche pour y établir un moulin, et l'étang ainsi créé alimentera un vivier, il aura une garenne, é lifiera avec la permission du suzerain une fuie à pigeons... toutes choses qui sont de noblesse. Pour rendre sa justice il se précautionnera, au bourg paroissial, d'un auditoire et, au besoin, demandera au seigneur supérieur de lui réserver dans le local de sa juridiction un jour d'audience.

Le vassal peu fortuné se contentera d'une sorte de ferme agrémentée d'un porche s'ouvrant dans les murs de clôture de la cour, et vivra en faisant valoir lui-même les quelques pièces de terre de son domaine. A l'église paroissiale il aura cependant un escabeau, ou un carreau, et acquerra de la

(27) PLANIOL, *La T. A. C.*, art. 262.
(28) PLANIOL, *La T. A. C.*, art. 223.
(29) PLANIOL, *La T. A. C.*, art. 216.

fabrique un droit de tombe. Son amour propre sera parfaitement sauvegardé s'il parvient à apposer ses armes sur la maîtresse vitre, en un rang honorable dans la hiérarchie seigneuriale de la paroisse [30].

Le titre de « seigneurie » implique le fief, c'est-à-dire une juridiction; sinon, le manoir est édifié en simple tenue noble; dans ce dernier cas, l'on peut contester au vassal les prééminences et droits honorifiques auxquels il prétendrait.

*
* *

En avançant que les anoblissements de terres ont laissé peu de traces dans nos archives, nous n'avons pas voulu dire que les souverains n'aient point usé de leur droit d'accorder des lettres de noblesse pour récompenser des services et honorer certains de leurs sujets.

Encore faut-il distinguer l'affranchissement de l'anoblissement.

Au moyen de l'affranchissement le roi exemptait la terre des contributions roturières, sans cependant l'astreindre aux obligations de la propriété noble. L'anoblissement était une érection à la classe supérieure qui avait un caractère de pérennité et s'appliquait généralement tant à la personne que le souverain voulait distinguer, qu'à ses biens. Ceux-ci sont dès lors soumis au gouvernement « avantageux » des fiefs d'Assise, c'est-à-dire au partage noble, et frappés du service des armes et du droit de rachat. L'affranchissement avait cependant aussi parfois un caractère de perpétuité. Par lettres de mai 1418, le duc de Bretagne avait affranchi le manoir et les terres de la Haye-l'Evêque, paroisse de Saint-Donatien-les-Nantes. Or, en 1742, ces terres jouissaient encore des mêmes exemptions et la propriétaire,

_____

(30) Voir notre étude : *Droits honorifiques et prééminences dans les Eglises en Bretagne.*

Mme de la Botinière, sollicitait une ordonnance de Sa Majesté pour que le lieu dit soit enfin anobli [31]. Cet intervalle de plus de trois siècles, fait bien ressortir la différence qu'il faut établir entre les deux privilèges.

Hévin estime que les affranchissements et les anoblissements ont été fréquents sous les ducs. Nous pouvons tout au moins en juger par ce que nous savons de Jean V dont les lettres et mandements ont été publiés [32]. Durant un laps de temps de quarante années (1402-1442) on compte une vingtaine d'anoblissements réels, se rapportant à des terres faisant partie des fiefs du duc et relevant directement de lui. Ici, il s'agit du lieu de la Motaye, dans la châtellenie de Saint-Aubin, érigé en noblesse, à cause des bons services d'écuyer Pierre Ivette, seigneur du Boishamon; là, il est question de tous les héritages, dans la seigneurie de Rhuys, de Charles Even auquel est octroyé, par surcroît, le droit d'avoir garennes dans ses domaines et qui lui-même est anobli : ailleurs, Jean Le Duc, l'un des « monnoyers » du duc obtient la même faveur pour son hébergement du Tertre, en Guer... Jean Denis, pour avoir contribué à la délivrance de la personne de Jean V et à la défense du pays, reçoit, pour lui et ses terres, des lettres de même nature, et le duc entend bien que ce valeureux combattant continuera à le servir « monté et armé [33] ». C'est un cas un peu spécial, car à cette époque les érections pour faits de guerre sont exceptionnelles, tandis que presque tous les affranchissements sont accordés pour ce motif [34]. Au xv° siècle, pas

---

(31) **Archives d'Ille-et-Vilaine, C 2251.**

(32) ***Lettres et Mandements du duc Jean V***, par René BLANCHARD (*Bibliophiles bretons*, Nantes, 1889-1895, 5 vol. in-4°).

(33) Lettres de Jean V, n°° 1266, 1249, 1514, 1698.

(34) La plupart des affranchissements, faits par Jean V, sont accordés pour s'être bien comporté à la guerre, avoir contribué à des équipements militaires, ou avoir pris volontairement les armes. C'est une époque fort troublée. L'aide aux armes paraît être le mobile principal et la conséquence des affranchissements. Cependant, comme en d'autres temps, des lettres sont accordées aussi pour des offices bien remplis et des services privés.

mal de terres de la sénéchaussée ducale de Guérande, particulièrement des salines, furent anoblies [35].

Depuis l'annexion de la Bretagne à la France, il semble qu'il n'y eut guère que des anoblissements personnels et des érections de terre en dignité.

On a vu, parlant de l'organisation de la féodalité, comment s'est opérée la multiplication des seigneuries et le morcellement de la propriété noble. Les entailles faites en vue de doter les filles et de partager les puînés, les aliénations à titres divers jusque dans les seigneuries inférieures et les arrières-fiefs, contribuèrent surtout à ce mouvement; tandis que les inféodations, les afféagements, et les érections souveraines apportèrent une importante contribution aux créations nouvelles de fiefs et de domaines nobles. Dès le xv⁰ ou le xvi⁰ siècle, la plupart des héritiers de grandes familles du moyen-âge n'eurent en mains qu'un squelette de fief.

La division excessive amena l'affaiblissement de la constitution militaire et la diminution du pouvoir politique.

Au moyen-âge, « la condition des personnes était, non seulement indiquée, mais déterminée, entraînée, par l'état des terres [36] »; la richesse et l'importance du fief disparaissant, la considération due au seigneur diminua. La noblesse commença alors à déchoir; atteinte dans sa puissance et ses forces vives, elle languit jusqu'à la fin du xviii⁰ siècle, s'anémiant dans l'atmosphère des Cours, ou s'épuisant dans de vaines querelles de préséances et des procès interminables de voisinage. Il est permis de conclure que l'abaissement du fief et l'émiettement de la terre noble furent un des motifs primordiaux de l'affaiblissement du régime seigneurial.

H. DU HALGOUET.

(35) Lettres de Jean V, n°ˢ 1616, 1617. QUILGARS, dans son étude : *Condition des personnes et des terres dans la sénéchaussée de Guérande* (*Mémoires de l'Association Bretonne*, 1911), signale plusieurs anoblissements de terres dans cette juridiction ducale.

(36) VIOLLET, *Histoire du droit civil français*.

LE JANSÉNISME A NANTES
DE 1714 A 1728

Le 16 novembre 1711, Louis XIV qui, pour en finir avec le Jansénisme, n'hésitait pas à « sacrifier le gallicanisme » [1] demanda au pape Clément XI une bulle de condamnation contre les *Réflexions morales* de Quesnel. L'année 1712 fut consacrée à l'étude minutieuse de l'œuvre de l'ancien oratorien. « Jamais peut-être, écrivait-on de Rome à Fénelon, aucun livre n'a été examiné ni plus longtemps ni avec plus de précautions ». Quand le Pape eut rédigé le brouillon de de la bulle, il le communiqua au cardinal de la Trémoille : « Le représentant de Louis XIV, croyant découvrir certaines clauses capables de soulever en France des difficultés, les signala au Saint-Père et celui-ci sans se faire prier les effaça sous ses yeux. Enfin, le 8 septembre (1713) la bulle *Unigenitus* était sur pied; elle fut, selon l'usage, affichée dans les rues de Rome, et un courrier spécial l'emportait le jour même en France... » [2]. C'était une condamnation formelle des *Réflexions morales*.

Le 14 février 1714, les lettres patentes du roi enregistrées au Parlement, sans protestation apparente, faisaient de la Bulle une loi du royaume. A Nantes, dans un mandement, en date du 8 mars suivant, l'évêque, Mgr Gilles de Beauveau, la présentait à ses diocésains dont il sollicitait la filiale soumission. Puis, en mai, se trouvant alors à Paris, le prélat écrivait à M. Clénet, un de ses grands vicaires, doyen de la Faculté de théologie et supérieur du grand séminaire, de demander l'adhésion des docteurs de cette

(1) G. GOYAU, *Histoire de la Nation française*, t. VI, p. 457.
(2) B. DE LACOMBE, *Correspondant* du 10 avril 1904, p. 17.

Faculté à la déjà célèbre Constitution [3]. Le 15 mai, les docteurs s'assemblèrent. M. de la Vieuxville, doyen du Chapitre et futur évêque de Saint-Brieuc, leur présenta la Bulle de Clément XI et le mandement épiscopal. Après une délibération pacifique, les membres de la Faculté, les suppôts, ainsi qu'on les désignait en ce temps, s'inclinèrent et le 1er juin, dans leur *1ª Mensis*, les deux documents étaient approuvés, signés et enregistrés [4].

C'était d'heureux augure, et en apprenant la chose — car Mgr de Beauveau avait bien recommandé à M. Clénet de lui faire un rapport circonstancié des événements — le prélat dut bénir la Providence qui calmait ainsi ses appréhensions et lui permettait, après avoir coulé dans le calme les dernières années de son long épiscopat, le plus long qu'eut connu évêque sur le siège de saint Clair, d'y mourir tranquille. Le geste de ses théologiens, il n'était pas dupe, n'avait rien de spontané. Quand en mars il avait publié la constitution pontificale, l'émotion avait été grande dans le corps doctoral. Les opposants s'étaient moins laissé convaincre par les arguments théologiques que par les conséquences désastreuses de l'insoumission. Les pères de l'Oratoire possédaient leur collège, les prêtres de Saint-Clément, leur maison et le grand séminaire dont ils assumaient la direction. Quelle aubaine pour les Jésuites et les Sulpiciens si une imprudence leur en ouvrait les portes ! [5] Ce n'était pas là crainte chimérique. La récente destruction de Port-Royal témoignait ce dont était capable Louis XIV à 75 ans. Mieux valait se soumettre. Cependant d'une soumission, même ainsi acquise, l'évêque pouvait se réjouir.

L'année suivante, Louis XIV décédait. Avec la complicité du Parlement, le duc d'Orléans prenait le pouvoir, et avec le Régent le père La Chaise quittait le Conseil de conscience où s'installait l'archevêque de Paris, Noailles. On savait le

(3) TRAVERS, *Histoire de Nantes, Complément*, p. 27 et 28.
(4) A. N., L. 17.
(5) *Histoire des Réflexions morales et de la Bulle*, t. I, p. 160.

Régent sceptique et tolérant. Quant à Noailles, bien que de caractère inconsistant, il était, personne ne l'ignorait, opposé à la Bulle et ami de Quesnel. Toute la France jansé-niste leva la tête : Nantes tint à ne pas demeurer en reste.

Le 2 janvier 1716, en guise d'étrennes, M. Fouré, syndic de la Faculté de théologie, demanda à ses collègues de réformer purement et simplement leur décret d'adhésion. Ils le pouvaient faire sans scrupule. Les raisons d'annula-tion ne manquaient pas. Les docteurs, bien que jansénistes, auraient rendu des points à maître Escobar en personne. N'était-il pas évident que l'acte de soumission de 1714 se trouvait entaché de crainte et de fraude et n'avait de ce fait aucune valeur ? [6].

Lorsqu'en effet M. de la Vieuxville avait communiqué la Bulle pour être approuvée et enregistrée par eux, les disciples de Quesnel avaient compris que la décision en avait été prise dans les « conseils supérieurs » — dans le cas, au conseil du roi; — que, par suite, ils la devaient recevoir ou s'exposer à toute l'indignation des Jésuites, armés alors de la puissance souveraine et dont l'évêque n'était que le docile « instrument ». Le changement de gouvernement venait seulement de libérer les esprits de ce « joug impérieux ».

Si, d'autre part, les docteurs nantais avaient attendu cette délivrance pour parler selon leur conscience, ils s'étaient néanmoins rendu compte assez tôt de la manière frauduleuse dont on avait usé à leur égard pour obtenir leur adhésion : lecture de pièces fausses, interpolation de textes. L'acte de mai 1714 était donc foncièrement caduc, « contraire à la justice et à la vérité que combat la consti-tution pontificale ».

Treize docteurs sur dix-neuf se rallièrent à la proposition du syndic Fouré. Six protestèrent contre cette palinodie, dont trois grands vicaires, un bernardin et deux cordeliers, protestation que la Faculté refusa d'enregistrer.

(6) TRAVERS, *Histoire de Nantes. Complément*, p. 31 suiv., et B. Nat., L. d⁴ 824.

L'acte de rétractation était un refus d'obéissance au Pape et à l'évêque; il avait toutes les apparences d'une révolte contre l'autorité légitime. Or, à aucun prix, les jansénistes n'entendaient qu'on les qualifiât de rebelles. L'arsenal de leur théologie était assez riche pour leur fournir et leur esprit assez subtil pour leur fourbir l'arme rêvée qui leur permettrait de faire tête à l'ennemi sous couleur de défendre la « justice et la vérité ».

Le 1er mars 1717, quatre évêques français, ceux de Senez, de Montpellier, de Mirepoix et de Boulogne, interjetaient appel du Pape au Concile, à ce futur Concile dont la réunion problématique et lointaine pourrait couvrir pendant de longues années leur insoumission effective. Le 5 mars, la Faculté de théologie de Sorbonne donnait son adhésion au geste des quatre prélats. Le 10, celle de Nantes, en fille docile, emboîtait le pas, suivie d'ailleurs par la Faculté des Arts [7]. Trois ans plus tard, en 1720, trente docteurs nantais renouvelleraient cet appel. En somme, deux des grands vicaires, neuf des principaux curés de la ville, la majorité des pères de l'Oratoire et des directeurs du grand séminaire se rangeaient délibérément et avec ostentation du côté du Jansénisme.

Si inquiétante que fut cette attitude, elle ne dut surprendre qu'à demi l'évêque de Nantes. A distance, mieux que lui, peut-être, nous la pouvons expliquer. C'est la question même des origines du Jansénisme dans le diocèse qui se pose. Or, à cette question, il semble bien qu'il n'y ait aujourd'hui qu'une réponse plausible : c'est par l'*Oratoire* que, directement ou indirectement, le Jansénisme s'est introduit et a pris racine à Nantes.

Dans un livre récent [8], préfacé par Mgr Baudrillart, un écrivain de talent s'est appliqué à détruire ce qu'il appelle la « légende » de l'Oratoire janséniste. Mais dans sa préface,

<hr>

(7) A. N., L. 15.
(8) LE HERPEUR, *L'Oratoire de France*, édition Spes, 1926.

le savant recteur de l'Institut catholique de Paris a soin de
marquer que cette légende porte uniquement sur ce qu'il
qualifie « l'exagération monstrueuse des accusations », exagération qu'explique la très grande notoriété de quelques
oratoriens jansénistes tels que Quesnel et Soanen. Il n'est
pas douteux en effet que par son enseignement théologique
foncièrement augustinien et thomiste, par son rigorisme
moral et aussi par l'état de rivalité entre cette congrégation
et la Compagnie de Jésus, les sympathies de l'Oratoire
allaient d'instinct au Jansénisme. De là à lui donner son
adhésion il n'y avait qu'un pas. Ce pas, beaucoup ne le
firent jamais. D'aucuns même, comme le père Amelote [9],
prirent nettement position contre les novateurs et attirèrent
sur leur tête les pires représailles. Il est non moins prouvé
que le plus suspect des supérieurs, le père de Sainte-Marthe
qui régit la congrégation durant 24 ans, de 1672 à 1696,
s'employa activement à préserver ses fils de l'erreur, à
ramener les égarés à la vérité, au besoin à exclure les
rebelles dont Quesnel en personne [10].

Cependant, malgré ces louables efforts et ces honorables
exceptions, la Congrégation de l'Oratoire demeurait un
milieu favorable à la doctrine de l'*Augustinus*. Aussi,
lorsque le père Quesnel, Jacquier Quesnel, se trouva aux
prises avec l'archevêque de Paris d'abord, Harlay de
Champvallon, puis avec le Pape, et fut condamné, ses con-
frères de l'Oratoire ne doutèrent pas que le coup partait de
la Compagnie de Jésus. Général en tête, ils se rangèrent en
bloc du côté des appelants. Sans doute le père de la Tour
se ressaisit-il bientôt et travaille-t-il à la soumission des
membres de sa famille religieuse. Mais, observe justement
M. Le Herpeur, « sa docilité trouva parmi ses fils moins
d'imitateurs que sa révolte » [11].

(9) *Dictionnaire de Théologie catholique* au mot *Amelote*.
(10) LE HERPEUR, *op. cit.*, p. 68-69.
(11) LE HERPEUR, *op. cit.*, p. 83.

Or, l'Oratoire jouissait à Nantes d'une situation exceptionnelle, étendant sa juridiction ou son influence sur les trois principaux centres d'instruction ou de formation ecclésiastiques de la ville.

Depuis 1625, année où le bureau municipal leur avait confié la direction du collège Saint-Clément, les Oratoriens y détenaient en droit et en fait le monopole de l'enseignement secondaire, et depuis 1654 celui plus important de l'enseignement philosophique et théologique [12]. Si, d'autre part, la communauté de Saint-Clément et le grand. séminaire échappaient à leur juridiction immédiate, en 1715 leur esprit y régnait depuis trente années.

Fondée en 1671 [13] par un saint prêtre nantais des bords de la Sèvre, l'abbé Lévêque, la communauté de Saint-Clément, installée près de l'église de ce nom, dans l'ancien couvent des Ursulines, devenu caserne des sapeurs-pompiers se proposait :

D'initier de jeunes prêtres sortant du séminaire à la pratique du ministère paroissial ;

De préparer les missionnaires étrangers à l'exercice de la prédication et de la confession dans le diocèse. C'est à ce titre que le P. de Montfort y séjourna en 1701, sans succès d'ailleurs ;

De constituer des retraites annuelles au profit des prêtres du diocèse ;

De recevoir, comme pensionnaires, de jeunes élèves de l'Oratoire se destinant à l'état ecclésiastique.

A peine éclose, dès 1673, la communauté de Saint-Clément se voyait confier, par l'évêque, Mgr Gilles de la Baume le Blanc, la direction spirituelle des élèves du grand séminaire [14] qui, depuis 1660, à la suite d'un différend regrettable, était vidé de ses fondateurs et premiers maîtres, les prêtres de Saint-Sulpice. Un contrat en bonne et due

(12) TRAVERS, *op. cit.*, t. III, p. 352.
(13) Arch. dép.. G. 214. et Registres paroissiaux de Cugand (1723 à 1776).
(14) TRAVERS, *op. cit.*, t. III, p. 433, et Arch. de St-Sulpice, Arch. dép., G. 281.

forme, renouvelé en 1685, remettait entre les mains des
prêtres de Saint-Clément le sort des deux maisons.

Mais, de 1685 à 1715, l'histoire des deux établissements
s'incarne dans un homme, un prêtre, Jean La Noë-Mesnard,
et c'est par lui que l'Oratoire a barre sur la jeunesse qui
s'y abrite [15].

De ce prêtre qui voulut demeurer toute sa vie simple
prêtre, le prestige en 1717 est incomparable, l'influence
toute-puissante. A cette date il marque de son empreinte,
pour 50 années, le clergé nantais. Prestige de la naissance :
fils d'un grand bourgeois qui fut un temps sous-maire de
Nantes. Prestige de la science : avocat de renom avant de
devenir théologien remarquable et directeur de conscience
encore plus apprécié; l'évêque de Nantes s'honore d'assister
à ses conférences spirituelles et recouvre de sa plus bien-
veillante approbation le catechisme qu'il vient de composer.
Prestige de la vertu : ses adversaires sont unanimes à
reconnaître sa piété ardente, sa charité sans borne, la simplicité et l'austérité de sa vie. Prestige du zèle qui s'étend
aux clercs et aux fidèles, aux prisonniers et aux malades
et jusqu'aux jeunes filles en perdition pour lesquelles il
fonde la maison du Bon-Pasteur. Prestige de l'âge : encore
qu'il n'ait que 67 ans, le travail et les privations ont fait
de lui un vieillard qui déjà penche vers la tombe. Il ne lui
manque même pas, aux yeux des ennemis de la Bulle, le
prestige de la persécution, puisqu'à cette date ses sympathies trop affichées pour les jansénistes ont attiré sur lui
les rigueurs et la disgrâce de son évêque.

Car Jean La Noë-Mesnard est lui-même un tenant de la
doctrine de Jansénius et de Quesnel. Il l'est, comme son
oncle, le Père Fouré de l'Oratoire, comme son cousin l'abbé
Fouré, syndic de la Faculté de théologie. Il l'est, comme
quelques-uns de ses maîtres de l'Oratoire, car il fut leur

---

[15] Abbé GOURMEAU, *Vie de M. La Noë-Mesnard avec l'histoire de son culte*,
Bruxelles, 1734.

élève au séminaire Saint-Magloire, à Paris; il y connut Noailles, comme lui futur appelant. Il l'est, je dirais presque par tempérament, naturellement austère et rigoriste. Il l'est avec éclat, et tous ses élèves garderont, jusqu'à leur mort, les yeux immuablement fixés sur ce prêtre vénéré à l'égal d'un père et d'un saint, venant le 10 mars 1717, impotent et déjà malade à mourir, signer le premier, avant les curés de la ville qui tinrent à s'effacer devant lui, avant même les religieux de l'Oratoire, l'appel au futur concile.

Un mois plus tard Jean La Noë-Mesnard succombait, et Nantes lui faisait de triomphales funérailles.

Collège de l'Oratoire, Communauté de Saint-Clément, Grand Séminaire, par les fils de Bérulle ou par ceux de l'abbé Lévêque, c'est tout l'avenir sacerdotal du diocèse voué au Jansénisme. Mgr Gilles de Beauveau mesure aussitôt le danger. Les quelques professeurs ou directeurs fidèles ne sauraient neutraliser l'influence pernicieuse d'une majorité de maîtres actifs, ardents et accrédités. Aussi, malgré son âge avancé, en dépit des obstacles, il se met résolument à l'œuvre, œuvre d'épuration et de réorganisation, continuée par son successeur, Mgr de la Vergne du Tressan, qui finira par assurer, dans le diocèse, le triomphe de l'orthodoxie.

OEuvre d'épuration d'abord, celle de la *Faculté de théologie*. Au lendemain de l'appel il en exclut le syndic, M. Fouré, qu'une lettre de cachet expédie à Vendôme [16]. L'année suivante, Mgr du Tressan obtient du général de l'Oratoire le départ de deux récalcitrants, les PP. Lamarque et Lefeuvre [17]. En 1720 et 1722, à l'occasion du renouvellement de l'appel, quatre docteurs sont chassés [18]. Par contre, en 1719 quatre docteurs, auxquels leur soumission à la bulle avait valu en 1716 d'être rayés des registres de la Faculté, furent réintégrés dans leurs fonctions, et l'année

(16) TRAVERS, *op. cit.*, t. III, p. 443.
(17) *Id.*, p. 449.
(18) *Id.*, p. 453.

suivante l'un d'eux, M. Gautron de la Baste en était élu recteur [19]. Enfin, en 1723 la Faculté de théologie ainsi épurée, réduite il est vrai a neuf membres, dont quatre séculiers et cinq réguliers, tous cordeliers, annulait les décrets antérieurs de rétractation et d'appel, et déclarait recevoir « de son propre mouvement et avec une parfaite soumission d'esprit, la Constitution *Unigenitus Dei Filius* » [20].

Épuration de la *Maison Saint-Clément*. Si Jean La Noë-Mesnard y peut en paix terminer ses jours, l'évêque de Nantes en fait sortir un certain nombre d'ecclésiastiques appelants qui y sont d'ailleurs indûment inscrits [21].

Epuration du *Séminaire*. Parmi les signataires de l'acte de rétractation de janvier 1716 figuraient quatre des directeurs : Jean Drouet, Etienne de la Porte, Jacques Galiot et Jean La Noë-Mesnard. L'évêque fit appeler les trois premiers; devant leur refus de s'amender, il les frappa de suspense et les exclut du séminaire. La même mesure et la même peine frappait bientôt La Noë-Mesnard [22]. Le supérieur de l'établissement, le vénérable Coupperie des Jonchères, bien que soumis, fut, à cause de son âge, jugé impuissant à réagir victorieusement contre la marée montante. L'évêque lui donna comme successeur Jean Clénet, doyen de la Faculté de théologie et déjà directeur, le plus rude adversaire du Jansénisme à Nantes et par sa science le mieux armé. Les quatre directeurs exclus furent remplacés par des prêtres de Saint-Sulpice, concédés à titre personnel. Entre temps, les séminaristes avaient été, on ne sait s'il faut dire à leur grande joie, renvoyés provisoirement dans leurs foyers [23].

Mais l'œuvre urgente, celle qui serait à tous égards la plus efficace, était la réorganisation même du séminaire.

(19) *Id.*, p. 451, 453.
(20) *Id.*, p. 458 et suiv.
(21) Arch dép., G. 290.
(22) TRAVERS, *Complément à...*, p. 33-35-36.
(23) Bibl. du G. S. de Nantes : recueil de pièces imprimées.

Non content d'en renouveler le personnel, Mgr de Beauveau entendit que désormais les directeurs y donneraient, en personne, à l'intérieur même de l'établissement, les cours de théologie. La mesure en fut arrêtée dès l'année 1716, et en des termes tels que, suivant la remarque de Travers, bien placé pour en juger, « cette école de théologie fut marquée comme la seule porte pour entrer dans le ministère ecclésiastique ». Promesse était exigée de tous ceux qui se présentaient à la tonsure qu'ils ne fréquenteraient plus les cours de l'Oratoire [24].

C'était à brève échéance la mort de la Faculté de théologie. L'Oratoire vit tomber le chiffre de ses auditeurs de 150 à une quinzaine. Tandis que le Bureau de la ville de Nantes faisait appel au Régent de la décision épiscopale, les Oratoriens portaient l'affaire au Parlement de Rennes. La Bédoyère, procureur du roi et ardent janséniste, se prêta volontiers au rôle de défenseur de leurs droits, et n'eut pas de peine à gagner leur cause auprès de juges d'avance convaincus. Le 13 novembre 1716, un arrêt de la Cour de Rennes maintenait à la Faculté de théologie ses privilèges et sommait le prélat de fermer immédiatement les cours ouverts par lui au séminaire, sous peine de poursuites [25].

A ce coup, Mgr de Beauveau répondit en interjetant appel au Conseil du Roi. Le Roi n'était qu'un enfant et le Régent subissait à cette date l'influence janséniste. L'appel dormit dans les cartons et l'évêque devait mourir avant que la sentence ne fût rendue. C'est en 1723 seulement qu'une décision royale, cassant l'arrêt du Parlement de Bretagne, permit la réouverture, au séminaire, des cours de théologie avec les immunités et privilèges de ceux de l'Oratoire. L'Université de Nantes revenue à de meilleurs sentiments s'inclina et consentit à l'agrégation de la nouvelle école au corps universitaire [26].

(24) TRAVERS, *Complément à...*, p. 33.
(25) B. N., L. d⁴ 824.
(26) TRAVERS, *op. cit.*, p. 457 et 465 et Arch. dép. G. 290.

C'était un premier succès et d'importance. Deux mesures allaient en assurer l'efficacité en garantissant le séminaire contre tout retour d'une offensive janséniste.

D'abord la *séparation* du séminaire et de la communauté Saint-Clément. La diversité de but des deux établissements rendait cette séparation désirable. L'histoire des dernières années en faisait une nécessité. Même épurée de ses membres « appelants », par son nom seul, la maison Saint-Clément gardait un parfum d'hérésie, une odeur de jansénisme. Elle demeurait dans l'opinion, toute parée du souvenir encore prestigieux de La Noë-Mesnard qui, dans sa tombe voisine multipliait, disait-on, les miracles [27].

Une raison plus grave poussait encore Mgr du Tressan à consommer la rupture. Avec son prédécesseur, il était convaincu que la meilleure sauvegarde de son diocèse contre le péril janséniste consistait dans le retour à Nantes des *prêtres de Saint-Sulpice*. Depuis plusieurs années on négociait à cet effet. Le supérieur, M. Leschassier, à la demande des évêques, avait déjà prêté au séminaire, à titre individuel, quelques sujets. Mais il s'était refusé à en assumer la direction, tant que la communauté de Saint-Clément lui restait annexée. Deux arrêts du conseil royal lui donnèrent satisfaction annulant le contrat d'union de 1685 entre les deux établissements [28].

Le terrain déblayé, les pourparlers reprirent et, en 1728, Mgr Crissé de Sanzay, successeur de Mgr du Tressan, remettait le sort du séminaire entre les mains de ces messieurs de Saint-Sulpice, qui acceptaient, en outre, la charge de la communauté de Saint-Clément, à la condition, explicitement formulée, que l'autonomie absolue des deux maisons fût maintenue [29].

De ce jour la cause du Jansénisme à Nantes était perdue. Les fils de M. Olier — de tous les religieux — étaient peut-

(27) Abbé GOURMEAU, *op. cit... appendice : « L'Histoire de son culte »*.
(28) Arch. dép., G. 281, 290. Arch. de Saint-Sulpice, H. 9.
(29) *Id.*, et TRAVERS, *op. cit.*, t. III, p. 484.

être les seuls à pouvoir engager la bataille avec la certitude de vaincre. Car, au prestige de l'orthodoxie, à celui de la science, à celui de leur vertu — vertu qui déjà aurait pu suffire pour « gouverner le monde » (Renan) — ils ajoutaient le prestige de la modération. Ils apportaient avec eux cette modestié, cette discrétion, cette patience qui vient à bout de tout, même de l'indocilité de l'esprit.

Sans doute en 1728 la bataille n'est pas encore gagnée. Les jansénistes, bien qu'exclus de l'Oratoire, de Saint-Clément et du Séminaire, ont pour eux la plupart des curés de la ville et dans les presbytères de campagne ils comptent d'ardents sectateurs. Travers va bientôt mettre à leur service sa bizarre théologie. Si les Cordeliers leur sont hostiles presque autant que les Jésuites, les Jacobins du château et les Bénédictins, ceux de Pirmil et ceux de Saint-Gildas-des-Bois, leur sont acquis. Les congrégations de femmes, jusqu'aux pauvres Calvairiennes de Machecoul, longtemps se refuseront à abandonner Jansénius et Quesnel. Enfin, le Parlement de Rennes, le Présidial de Nantes, une minorité imposante de nobles et de bourgeois, de domestiques et d'artisans, les gardent et les défendent.

Pendant plus de vingt ans l'autorité ecclésiastique fulminera contre les uns et les autres peines et censures. Les lettres de cachet du roi videront les cures et décimeront les monastères. On enregistrera peu de repentances. Mais moins de vivants encore se lèveront pour remplacer les morts. La bataille, un jour, cessera faute de combattants [30].

Les nouvelles couches, celles surtout qui montent à l'autel, prennent place près de leurs maîtres du côté de Rome. La figure de Jean La Noë-Mesnard s'estompe et sa tombe, un moment si fréquentée, ne connaît plus que de rares pèlerins. Les yeux se fixent sur un autre homme, un autre prêtre, un sulpicien, Pierre Féris, qui comme directeur et supérieur, verra passer sous sa chaire quarante cours de

---

(30) *Les Nouvelles ecclésiastiques : passim*, TRAVERS, *op. cit.*, t. III.

jeunes clercs, les réfractaires de demain, sur qui va s'appe-
santir la Terreur [31].

Certes, en dépit de leur insoumission, il nous est loisible
de reconnaître les vertus des jansénistes nantais, la fidélité
de ce clergé appelant à ses maîtres de l'Oratoire et de Saint-
Clément, leur stoïque attitude sous les coups de l'autorité.
Mais on n'en peut vouloir à un prêtre de ne les pas admirer
sans réserve et de leur préférer ceux qui, pour être demeurés
dociles à la voix de Rome, connaîtront sur la terre étrangère les amertumes de l'exil, ou sur l'échafaud du Bouffay
et dans les remous de la Loire les gloires du martyre.

A. BACHELIER.

[31] Arch. de Saint-Sulpice.

IMPRIMERIES OBERTHUR, RENNES—PARIS

(1028-29).

PUBLICATION TRIMESTRIELLE
1929 — N° 4.

MÉMOIRES

DE LA

SOCIÉTÉ D'HISTOIRE

ET D'ARCHÉOLOGIE

DE BRETAGNE

◆

10e ANNÉE

Tome X — 1929

DEUXIÈME PARTIE

SOMMAIRE :

Alain de Porhoët et le Prieuré de Saint-Martin de Josselin. .... **G.-B. DUHEM**

Les Possessions de l'abbaye de Saint-Melaine de Rennes en Basse-Bretagne............... **JACQUES LEVRON**

Un Rennais illustre : Alain-Emmanuel de Coët-logon................................... **Mis DE CARNÉ-TRÉCESSON**

L'Eau de Gaël et quelques anciens remèdes contre la rage en Bretagne.................. **ABBÉ J. HERVÉ**

RENNES
Plihon et Hommay, 5, rue Motte-Fablet.

SAINT-BRIEUC
Prud'homme, 12, rue Poulain-Corbion.

PARIS
Ed. Champion, 5, quai Malaquais

QUIMPER
Le Goaziou, 7, rue St-François.

NANTES
Durance, 4, quai d'Orléans.

VANNES
Lafolye, 2, place des Lices.

MÉMOIRES

DE LA

SOCIÉTÉ D'HISTOIRE

ET D'ARCHÉOLOGIE

DE BRETAGNE

◆

10ᵉ ANNÉE

Tome X — 1929

DEUXIÈME PARTIE

SOMMAIRE :

Alain de Porhoët et le Prieuré de Saint-Martin de Josselin. .... G.-B. DUHEM

Les Possessions de l'abbaye de Saint-Melaine de Rennes en Basse-Bretagne. .... JACQUES LEVRON

Un Rennais illustre : Alain-Emmanuel de Coëtlogon.. Mᵈᵉ DE CARNÉ-TRÉCESSON

L'Eau de Gaël et quelques anciens remèdes contre la rage en Bretagne............. .... ABBÉ J. HERVÉ

RENNES	**PARIS**	**NANTES**
Plihon et Hommay, 5, rue Motte-Fablet	Ed. Champion 5 quai Malaquais	Durance, 4, quai d'Orléans.
SAINT-BRIEUC	**QUIMPER**	**VANNES**
Prud'homme, 19, rue Poulain-Corbion.	Le Goaziou, 7, rue St-François.	Lafolye, 2, place des Lices.

ALAIN DE PORHOET

ET

LE PRIEURÉ DE SAINT-MARTIN DE JOSSELIN
(1128).

(ÉTUDE DIPLOMATIQUE)

Alain de Porhoët, troisième fils d'Eudon Ier vicomte de Porhoët, avait reçu en apanage de son frère, Geoffroi Ier, en 1120, le fief de Rohan [1]. Ses descendants prirent le titre de vicomte de Rohan, et cette illustre maison a joué, dans l'histoire de Bretagne et l'histoire de France, un rôle tel que rien de ce qui intéresse ses origines ne saurait laisser l'historien indifférent.

Il va sans dire que les actes d'Alain de Porhoët, vicomte de Rohan, sont extrêmement rares. M. Rosenzweig en avait recueilli deux, publiés après sa mort dans le *Cartulaire du Morbihan* [2]. Le premier, daté de 1127, est tiré du ms. fr. 22319 de la Bibliothèque Nationale; c'est une copie de la fin du xviie ou du commencement du xviiie siècle, faite par les Bénédictins au moment où ils rassemblaient des matériaux pour leur grande *Histoire de Bretagne* [3]. Cet acte est ainsi analysé par M. Rosenzweig : « Alain, comte de Porhoët, donne aux moines de Saint-Martin de Josselin tout l'emplacement situé à la porte du nouveau château de Rohan pour y construire une église et un cimetière ». Le second, daté de 1128, est tiré du fonds du prieuré de Saint-

---

(1) H. DU HALGOUET, *Essai sur le Porhoët*, p. 36.

(2) *Cartulaire général du Morbihan*, œuvre posthume de L. ROSENZWEIG publié par le chanoine Chauffier, n°s 204 et 205, p. 165.

(3) Le ms. fr. 22319 fait partie de la collection dite des Blancs-Manteaux.

Martin de Josselin aux *Archives du Morbihan;* nous croyons devoir le reproduire ici [4] : « Anno ab incarnatione Domini millesimo centesimo vigesimo octavo, Ludovico rege regnante, Conano Britannorum comite, Ego Allanus vice comes dono et donavi Sancto Martino necnon monachis monasterii apud castrum Josselin totum burgum ante portam castri mei novi quod vocatur Rohan et unum molendinum et dimidiam villam, id est terram ad unam carucam sufficientem prope meum castrum et totum jus percipiendi decimas in parrhocia *(sic)* Sancti Petri de Querdin usque ad meum castrum, retentis palleis, et dimidiam jurisdictionem curie communis de Querdin [5], ad deprecationem anime et animarum defunctorum meorum. Actum in nostro dicto castro de Rohan, anno supradicto, sub paragrapho et sigillo nostro in rei testimonium.   A. DE ROHAN. »

Original parchemin, ont dit M. Rosenzweig et, après lui, M. du Halgouët, qui donne une traduction de cet acte [6], sans y attacher d'ailleurs l'importance que lui mériterait une authenticité indiscutable, car ce document prouverait, nous semble-t-il, l'existence d'une chancellerie seigneuriale au château de Rohan, dès 1128 [7].

Malheureusement, cet acte est un faux qui ne résiste pas à l'examen. M. L. Galles, en 1858, s'en était douté; étudiant successivement les anciens titres du prieuré de Saint-Martin de Josselin, il écrivait à propos de l'acte qui nous occupe : « Le titre suivant, daté de 1128, pourrait être regardé comme faux, car l'écriture est du xv⁰ siècle, et cependant il ne peut passer pour une copie puisqu'il est signé A. de Rohan et

---

(4) La publication faite par M. Rosenzweig n'est pas entièrement sans fautes de détail.

(5) *Crédin,* canton de Rohan.

(6) H. DU HALGOUET, *La Vicomté de Rohan et ses Seigneurs,* p. 1. M. du Halgouet a sans doute accepté de bonne foi l'indication donnée par M. Rosenzweig, sans se reporter à l'acte lui-même, qui lui aurait certainement paru suspect.

(7) A cette époque seuls les grands feudataires avaient une chancellerie, et le plus souvent même les donations faites à des monastères étaient rédigées par les soins du bénéficiaire. Cf. GIRY, *Manuel de Diplomatique,* p. 816 et suiv.

qu'il porte un sceau en double queue » [8]. Le sceau, disparu, devait être un sceau rapporté. En tout cas, il n'aurait pas suffi à prouver l'authenticité d'un acte que tout dénonce comme un faux de la fin du xve ou du commencement du xvie siècle : l'écriture, la substance du parchemin, beaucoup trop fin et trop souple pour être du xiie siècle, l'emploi du style personnel alors que toutes les autres donations seigneuriales faites à cette époque au prieuré de Josselin sont rédigées sous la forme classique de chartes-notices [9], l'absence de témoins, la formule *sub paragrapho et sigillo nostro*, enfin la signature elle-même. Sa seule présence est insolite, mais il suffit de la considérer un instant pour être fixé sur sa date; nous en donnons ci-dessous un décalque [10] :

A. de Rohan

Ce faux grossier présente de singulières analogies avec la copie des Blancs-Manteaux. M. du Halgouët n'a pas manqué d'en être frappé et l'explique ainsi : « Le 5 des calendes d'avril de l'année précédente, promesse de donation avait été faite, au couvent même de Saint-Martin de Josselin, sur l'autel, en présence de Jostho ou Josselin, fils du donateur, et de plusieurs témoins. Entre les deux chartes le texte ne diffère guère, si ce n'est que l'acte donné au château de Rohan ne porte pas le motif réel de la donation : faire construire une église et un cimetière tout proche du château » [11].

<hr>

(8) L. GALLES, *Prieuré de Saint-Martin de Josselin O. S. B., membre de Marmoûtiers, d'après les chartes existant aux Archives du Morbihan et celles données par Dom Morice*, dans *Bull. de la Soc. Polymathique du Morbihan*, 18-8, p. 21.

(9) GIRY, *loc. cit.*, et *Cartulaire du Morbiham*, passim.

(10) On pourra comparer cette signature avec d'autres de la même époque, en particulier avec celles reproduites par le Duc DE LA TRÉMOILLE dans son ouvrage : *Correspondance de Charles VIII avec Louis II de La Trémoille pendant la guerre de Bretagne (1488).*

(11) H. DU HALGOUET, *La Vicomté de Rohan...*, p. 1 et 2.

Il est évident que, malgré cette similitude, les deux actes publiés par M. Rosenzweig ne procèdent pas l'un de l'autre. Mais nous nous sommes demandé s'ils n'avaient pas une source commune, et nous avons été assez heureux pour retrouver, dans le fonds du prieuré de Saint-Martin de Josselin (12), l'acte original de la donation faite par Alain de Porhoët aux moines de ce prieuré; cet acte est en fort mauvais état, presque illisible par suite de l'usure du parchemin, et c'est pourquoi, sans doute, il n'a été signalé ni par M. Rosenzweig, ni par M. Galles.

Nous donnons une transcription, ligne par ligne, de ce document, tel que nous avons pu le lire, en nous aidant de la copie du ms. fr. 22319, et de la publication faite par Dom Lobineau et par Dom Morice, dont nous parlerons plus loin.

« ‖¹ Anno ab incarnatione domini M C XX VII, Ludovico rege regnante, C-[-onan-]-o Britannorum ‖² comite, Alanus vicecomes Porrohoetensis..................e sal.................... ‖³ suę ac parentum suorum donavit Deo [et Sancto Martino] necnon monachis Maioris Monasterii [in castro] ‖⁴ Joscelini Deo serv-[-ientibus] totum burgum [ante] portam castri sui novi [quod vocat-]-ur Rohan [ad con]-‖⁵-struendam ecclesiam et cimiterium.................. [por-]-ta castri usque ad.............. ‖⁶ usque ad fluvium Ultii et unum [molendi-num ?].................... stanno. Dedit eciam terciam partem ec-[-clesie] ‖⁷ Querdin cum.............e a... alte........ur... ...nerat...... ‖⁸ dedit monachis............ dim-[-idiam]......... [ter-]-ram ad unam carucam sufficientem ‖⁹ prope ipsum castrum.......... [c-]-urie.......nis .... copula.........g...... ‖¹⁰ placuer.........de.........bùs [ex-]-cept-[-is] ....tium ‖¹¹ eccles-[-ię] .... ‖¹² et forfaicturas burgensium......... habet de ser............. ‖¹³ .... [con-]-cessis.............

|| [14] ...urg............ [ser-]-vitio. Si ...g......... || [15] ......ere... ......actus fuerit .... || [16] .... || [17] ....abbatis et s.ll......ium sig...... || [18] ......m.suer.........debent. Actum [apud] claustrum Sancti || [19] [Martini castri Jos-]-cel-[-ini V kalendas] aprillis. Testes A-[-lanus vice-]-comes, Jostho filius ejus qui sim-[-ul] cum || [20] ... pa-[-tre] do-[-navit] super altare de ....Morvanus atque Aldroinus .... || [21] ...... Maniguidus........... Conanus........... Pislardus, Judicael, Caphra....... || [22] [Dani-]-el de Ferraria...fr...... H-[-erveus]. [R-]-ivallonius presbiteri et alii multi. »

En interligne, entre la 19ᵉ et la 20ᵉ ligne, au-dessous du mot *comes*, un mot finissant par *uel* ou *niel*.

Au dos : *De castro Joscellini.*

Sur le repli, les fentes par lesquelles passaient les lacs où était appendu le sceau [13].

Dom Lobineau et Dom Morice ont connu ce document et l'ont publié [14]. Leur publication, contrairement à ce que dit M. du Halgouët [15], diffère sensiblement de la copie des Blancs-Manteaux donnée par M. Rosenzweig. Il est certain que les savants Bénédictins ont eu l'original entre les mains, comme ils l'affirment; mais, à la fin du XVIIᵉ siècle, le parchemin était déjà très endommagé et presque aussi difficile à lire qu'aujourd'hui, si bien que le texte qu'ils nous ont transmis n'est pas, en réalité, une transcription, mais nous offre une adaptation des divers fragments lisibles de l'acte, comme on s'en rendra facilement compte en le comparant avec celui que nous avons donné plus haut [16] :

(13) Dom Lobineau dit n'avoir plus vu que les lacets du sceau ; l'appension du sceau sur cordelette de chanvre était en effet la plus fréquemment usitée à cette époque par les établissements monastiques.

(14) Dom LOBINEAU, *Histoire de Bretagne*, t. II, *Preuves* : col. 156 ; — Dom MORICE, *Histoire de Bretagne*, t. I, *Preuves* : col. 554.

(15) H. DU HALGOUËT, *La Vicomté de Rohan...*, p. 2, note 1.

(16) M. l'abbé MARTIN a publié et traduit le texte des Bénédictins dans son *Histoire de Rohan Saint-Gouvry*, 1104-1926, p. 14 et 15. Il dit à tort, page 12, que l'original de la donation d'Alain de Porhoët est conservée dans la collection des Blancs-Manteaux, ms. fr. 22319.

« Anno ab Incarnatione Domini MCXXVII, Ludovico Rege regnante, Conano Britannorum Comite, Alanus Vicecomes Porrohetensis...... donavit Deo et sancto Martino Majoris Mon. ejusque monachis in castro Joscelini Deo servientibus totum burgum...... portam castri sui novi quod vocatur Rohan ad construendam Ecclesiam et cimiterium... ......porta castri usque ad.........usque ad fluvium Ultii et unum molendinum in superiori stanno et terram ad unam carrucam prope ipsum castrum et omnes consuetudines burgensium...... Dedit etiam tertiam partem Ecclesiæ de Querdin cum duabus partibus decimæ. Præterea dedit Monachis totam decimam........................ prope ipsum castrum......... et forfaicturas burgensium......... act......... claustrum sancti Martini castri Joscelini V. Kal. Aprilis. Testis Alanus Vicecomes, Josc...... filius ejus qui fir......... ....super altare......... Morvanus atque Adroinus......... Mingardus.......... Pislardus, Judicael, Caphra, Daniel de Ferratia............... Herveus, Rivallonius presbyter et alii multi. »

De cet ensemble de textes, il résulte clairement que quelque temps avant sa mort [17], Alain de Porhoët avait donné, au prieuré de Saint-Martin de Josselin, une place devant son nouveau château de Rohan pour y construire une église et un cimetière, un moulin, des droits sur la paroisse, les dîmes et la justice de Crédin; deux chartes originales de Jacques, évêque de Vannes, de 1129, suffiraient à nous le prouver [18]. Or, le faux du xvᵉ siècle rappelle ces diverses donations, sans rien y ajouter; il n'a donc pas été fait pour permettre aux moines de revendiquer des droits usurpés. Il est vraisemblable d'admettre que dès la fin du xvᵉ siècle l'original était devenu à peu près indé-

(17) Alain de Porhoët est mort en 1128.

(18) *Arch. du Morbihan*, fonds de Saint-Martin de Josselin, 5 H 2. La première confirme au prieuré la possession de la chapelle de Rohan (*Cart. du Morbihan*, p. 168) ; la seconde contient un accord au sujet du tiers de l'église de Crédin et des dîmes de cette église (*Id.*, p. 170).

chiffrable, et que c'est pour remédier à cet état de chose qu'un moine du prieuré *refit* [19] une charte de donation, en essayant de lui donner un caractère d'authenticité par l'apposition d'une fausse signature et d'un sceau emprunté à un autre acte; il y a faux matériel, il n'y a pas faux moral. Il n'y a pas lieu de s'étonner que le faux ait été daté de 1128; l'original est, en effet, du 5 des calendes d'avril 1127, 28 mars 1127 ou 1128; nous ne possedons pas assez de renseignements sur le style usité en Bretagne au debut du xii⁰ siecle pour pouvoir dire avec quelque certitude à quelle année doit être reportée la donation originale [20]. Mais le faussaire du xv⁰ siècle ne se posa pas tant de questions; il vivait en un temps où l'on employait couramment le style de Pàques; il n'a lu que le mot *aprillis*, pour lui avril 1127 ou 1128; se conformant peut-être à une tradition ancienne, il a opté pour 1128.

A quelle occasion fut fait ce faux ? Nous aurions désiré pouvoir émettre au moins une hypothèse. Mais les archives du prieuré de Saint-Martin ne nous fournissent aucun renseignement. Il n'y a trace ni de procès, ni de contestation litigieuse, à la fin du xv⁰ siècle, au sujet des biens donnés par Alain de Porhoët. Peut-être l'abbaye de Bon-Repos, fort mal administrée à cette époque [21], eut-elle des démêlés avec les moines de Josselin pour la délimitation de leurs droits réciproques ? C'est possible, mais nous ne pensons pas que, même à cette époque, un faux aussi grossier ait pu servir en justice. Quoi qu'il en soit, si les biens donnés à Saint-Martin de Josselin en 1128 lui furent quelque jour

----

(19) Les actes *refaits* ou *récrits* sont nombreux jusqu'au xi⁰ siècle ; par la suite ils sont beaucoup plus rares, car on avait des notions juridiques, sur la valeur des actes, plus fermes et plus précises. Cf. GIRY, *op. cit.*, p. 867.

(20) Ni les Bénédictins, ni A. de Courson dans ses *Prolégomènes* au *Cartulaire de Redon*, ni de La Borderie ne se sont préoccupés de rechercher quels étaient les styles employés dans les chancelleries bretonnes, au temps des rois ou des premiers ducs. Le peu que nous avons vu à ce sujet nous porterait à croire que le style de France fut en usage dès le xii⁰ siècle, mais nous n'oserions l'affirmer ; ce style fut le seul usité à partir du xiii⁰ siècle.

(21) H. DU HALGOUET, *op. cit.*, p. 158 et suiv.

contestés, le prieuré obtint gain de cause, puisqu'en 1698 on trouve dans le « Dénombrement des maisons, terres, rentes... et autres droits dépendant du temporel du prieuré de Saint-Martin de Josselin..., par Louis de Coëtlogon..., évêque... de Saint-Brieuc, prieur commendataire de Saint-Martin » (22), la mention suivante, au f° 33 v° : « En la paroisse de Crédin. — Déclare ledit seigneur prieur de Saint-Martin qu'il a la moitié du fief, bailliage et jurisdiction de la cour commune s'extendant en la paroisse de Crédin et autres circonvoisines, rentes, deniers et chappons, droits, profits, revenus et émolumens procédents à cause dudit fief et de la justice, exceptés toutefois les droits de barre, corvées et moulture du moulin de Couësmor. »

En résumé, il n'y eut qu'une donation faite par Alain de Porhoët au prieuré de Saint-Martin de Josselin. La charte-notice originale a donné naissance à trois autres documents, qui sont dans l ordre de leur valeur diplomatique :

1° La transcription publiée par Dom Lobineau et Dom Morice;

2° La copie des Bancs-Manteaux, ms. fr. 22319 de la Bibliothèque Nationale;

3° Le pseudo-original de 1128, en réalité faux de la fin du xv° siècle.

Ces trois documents ne faisant que résumer l'acte original, aucune des conclusions que l'on en a tirées ne se trouve infirmée, sinon la fait, qui n'avait pas été mis en relief, de l'existence possible d'une chancellerie seigneuriale à Rohan dans les années qui suivirent l'érection de la vicomté et la construction du château.

G -B. DUHEM.

(22) *Archives du Morbihan*, fonds de Saint-Martin de Josselin, non classé, registre 54 ff. parchemin.

LES POSSESSIONS

DE

L'ABBAYE DE SAINT-MELAINE DE RENNES
EN BASSE-BRETAGNE

Le travail qui va suivre a été presque exclusivement composé d'après le cartulaire de l'abbaye de Saint-Melaine. Ce cartulaire encore inédit est déposé à la Bibliothèque municipale de Rennes [1]. Une copie en fut faite à la fin du xixe siècle par un archiviste du département, pour M. de la Borderie [2]. Déjà Geslin de Bourgogne avait publié la plupart des actes concernant l'évèché de Saint-Brieuc [3]. Dom Morice en donne aussi quelques-uns dans les preuves de son *Histoire de Bretagne*. Çà et là, d'autres furent édités mais la plus grande partie est encore inédite. Nous avons, en outre, utilisé pour ce travail le très riche fonds d'archives de l'abbaye, conservé aux Archives départementales d'Ille-et-Vilaine.

L'abbaye bénédictine de Saint-Melaine était une des plus riches, sinon la plus riche de Bretagne : seigneurs laïcs et ecclésiastiques, particuliers, la dotèrent généreusement. Ses biens étaient disséminés dans six sur neuf des évêchés bretons, mais principalement dans les deux évêchés les plus rapprochés du couvent, Rennes et Saint-Malo. Laissant de

---

(1) Il fut commencé au milieu du xive siècle ; le premier feuillet porte en tête la date de 1344. Il se termine par un acte de 1418. On trouvera une description complète du cartulaire dans le *Catalogue général des manuscrits des Bibliothèques de France*, t. XXIV, p. 132. Ce catalogue lui donne la cote 271 ; il porte à la bibliothèque de Rennes le n° 15820.

(2) Archives d'Ille-et-Vilaine, F 501.

(3) GESLIN DE BOURGOGNE et BARTHÉLEMY, *Anciens Evêchés de Bretagne, histoire et monuments*. Paris, Dumoulin, 1855-1879, 6 vol. in-8°.

côté l'étude des biens de l'abbaye dans ces deux diocèses, qui a été faite par le chanoine Guillotin de Corson dans son *Pouillé historique du Diocèse de Rennes* (tome II), nous avons borné notre tâche aux évêchés de l'ouest de la province où les possessions de Saint-Melaine étaient moins nombreuses. Etudier comment et de qui l'abbaye avait acquis ces biens, leur étendue, leur situation, enfin les conflits auxquels ils donnèrent trop souvent lieu, tel est le but de ce travail, à la suite duquel nous publions les principaux actes s'y rapportant.

Avant de passer en revue chacune des possessions, quelques remarques s'imposent. Outre des actes particuliers concernant telle ou telle paroisse, nous avons pour cette étude quelques chartes de portée générale : une confirmation de Josse, archevêque de Tours [4], datée du 18 août 1158; une autre confirmation émanée du pape Lucius III [5], de 30 ans plus tardive (1er juillet 1185). Tous les biens de l'abbaye sont énumérés dans ces actes. De plus, les possessions de Saint-Melaine, dans les évêchés de Saint-Brieuc et de Tréguier, sont situées généralement en Penthièvre; des confirmations ou donations des comtes permettent de connaître la liste des paroisses où l'abbaye a des revenus. On a, en particulier, la confirmation faite en 1152, à Moncontour, par Rivallon comte de Penthièvre, de la donation de son père Geoffroy II à Saint-Melaine [6]. Cet acte fut vidimé par Maurice, évêque de Rennes, en 1276 [7]. Enfin, comme nous le verrons, il y eut au cours des xiie et

---

(4) De 1157 à 1175.

(5) Lucius III fut pape de 1181 à 1185. Il faut se méfier en général des confirmations pontificales. Les papes étaient souvent mal renseignés par les abbés des monastères, qui, eux-mêmes, connaissaient parfois imparfaitement leurs plus lointaines possessions. Dans le cas présent, la confirmation de Luce est vérifiée par celle de Josse plus certaine. Cf. Pièce justificative n° II.

(6) L'original de la confirmation se trouve aux Archives d'Ille-et-Vilaine, H 26. Elle a été publiée par Dom MORICE, *Preuves de l'Histoire de Bretagne*, t. I, col. 616.

(7) Le cartulaire de Saint-Melaine (fol. 189 v°) a transcrit le *vidimus* de Maurice de Trésiguidy. La Borderie a publié ce *vidimus* dans son *Recueil d'actes inédits des ducs de Bretagne*, n° 44.

xiii° siècles de très fréquents conflits entre Saint-Melaine
et l'évêque de Saint-Brieuc. Ce dernier, à plusieurs reprises,
dut reconnaître le bon droit de l'abbaye et énumérer ses
biens. Ces différents actes sont d'importants jalons pour
juger de l'accroissement des possessions de Saint-Melaine
que nous allons passer en revue.

Evêché de Saint-Brieuc

La première paroisse que possédèrent les Bénédictins en
cet évêché semble être celle de Bréhand, petite commune
située à peu de distance de son chef-lieu de canton, Moncontour, dans l'arrondissement de Saint-Brieuc. Un acte
émané de Jean, évêque de Saint-Brieuc [8], non daté, mais
que l'on peut facilement situer, grâce aux personnages qui
y sont mentionnés, entre 1120 et 1126, donne Bréhand à
Raoul, abbé de Saint-Melaine [9]. Deux laïques, Morsan
Guernon et Eudon Préclas tenaient cette paroisse par don
héréditaire en compagnie du recteur Judicaël. Celui-ci
entra comme moine à l'abbaye, et c'est à la demande des
deux autres propriétaires de la paroisse que Jean adjuge
Bréhand à Saint-Melaine « à haute voix, et devant l'archevêque de Dol, l'évêque de Tréguier et un nombreux
clergé. ». La donation devait être du reste plusieurs fois
contestée par l'autorité épiscopale. Cette paroisse faisait
en effet partie des régaires, c'est-à-dire du domaine propre
de l'évêque de Saint-Brieuc, aussi était-il d'autant plus
mécontent de l'avoir laissé échapper et tenta-t-il plusieurs
fois de la recouvrer. Vers 1156-1158, Josse, archevêque de
Tours, et ancien évêque de Saint-Brieuc, confirmait pourtant par un acte spécial la donation de cette paroisse, et
peu après la mentionnait dans la confirmation générale

(8) Jean, évêque de Saint-Brieuc en 1109 et 1138.
(9) Voir Pièce justificative n° I.

dont nous avons parlé plus haut [10]. Un peu auparavant, en 1152, Rivallon comte de Penthièvre, énumérant les biens de l'abbaye en son comté, mentionne Bréhand.

En 1218, une première composition fut nécessaire entre Pierre, évèque de Saint-Brieuc, et Saint-Melaine. Après discussion, il fut décidé que les moines paieraient quinze sous de revenu annuel pour cette paroisse. Trois ans plus tard, une contestation s'éleva entre le recteur de Bréhand et ses paroissiens à propos des dîmes et fruits que ceux-ci lui devaient; en un acte curieux daté du 12 février 1221, Guillaume III, le saint évêque de Saint-Brieuc, énumère toutes les charges qui pèsent sur les paroissiens. Peu après, du reste, une troisième altercation s'élève et cette fois entre Guillaume lui-même et l'abbaye de Saint-Melaine [11]. Des envoyés apostoliques furent délégués du diocèse du Mans et tranchèrent le conflit, notifiant les droits de chacune des parties. A Saint-Melaine, qui possédait le droit de présentation, étaient encore attribuées plusieurs dîmes; Saint-Brieuc avait les autres. Par la suite, le calme régna sans doute sur cette paroisse; on ne voit plus, dans le cartulaire, qu'un acte concernant Bréhand, daté du 3 juillet 1273, et où Pierre, évêque de Saint-Brieuc, demande à l'archidiacre de Penthièvre de recevoir, comme recteur de Bréhand, Robert de Lanneit, présenté par Hervé II, abbé de Saint-Melaine.

C'est Geoffroy II, comte de Penthièvre, de 1137 à 1148, qui fit don à l'abbaye rennaise du prieuré de Saint-Michel de Moncontour. Gros chef-lieu de canton de l'arrondissement de Saint-Brieuc, Moncontour a encore conservé une partie de ses remparts, ses vieilles églises et plusieurs maisons anciennes. C'était une des places fortes du comte de Penthièvre, et Rivallon, fils de Geoffroy II, date la confir-

(10) Geslin de Bourgogne a publié au tome III de ses *Anciens Evêchés de Bretagne*, d'après le cartulaire de Saint-Melaine, tous les actes concernant Bréhand. Nous nous contentons donc de renvoyer aux pages 332, 333, 335, 337, 339, 341 et 343 de son ouvrage.
(11) Cf. Pièce justificative n° III.

mation que nous avons déjà citée de son « *castrum Moncontorium* » [12].

Outre le prieuré, l'abbaye posséda vite à Moncontour des terres et des dîmes. Vers le milieu du xiii° siècle, les moines y acquirent un autre prieuré, celui de la Madeleine. De plus, la cure de la paroisse était présentée par eux. Bref, ce fut le centre autour duquel tous les biens de l'abbaye convergèrent. En effet, nulle contestation ne s'éleva à propos de cette paroisse entre Saint-Brieuc et Saint-Melaine et l'on voit Moncontour mentionné dans toutes les confirmations des biens de l'abbaye, en 1148, 1185, etc... Vers 1645, les revenus de l'abbaye dans cette paroisse étaient de deux mille livres [13].

C'est aussi sans doute de la donation du comte Geoffroy que datent les possessions de Saint-Melaine dans les diverses paroisses des environs; en particulier, la moitié d'une dîme en la paroisse de Trédaniel, située à deux kilomètres à peine de Moncontour. Cette paroisse est encore mentionnée dans la donation de 1152.

La possession de la paroisse de Plémy, située aussi dans le canton de Moncontour, est antérieure. En 1132, le même Jean II que nous avons déjà rencontré à propos de Bréhand, confirme à Saint-Melaine tout ce que l'abbaye a pu acquérir dans son diocèse, et en particulier « tout ce qu'ils avaient dans la paroisse de Plémy » [14]. Le droit de présentation n'appartenait pas aux Bénédictins; ils n'avaient à Plémy que des dîmes ainsi que le prouve l'acte du 12 juin 1225 déjà cité, où Guillaume Pinchon et l'abbaye s'entendent à propos des dîmes de Maroué [15], Plémy, Planguenoual [16]. Dans le dernier quart du xiii° siècle, en 1275, ces dîmes furent augmentées par le don d'un certain Guillaume le

(12) En ce qui concerne le comté de Penthièvre et ses accroissements successifs, voir LA BORDERIE, *Histoire de Bretagne*, t. III, p. 88 sqq.
(13) *Pouillé général de l'Archevêché de Tours* (Paris, Alliot, 1648, 1 vol. in-8°.)
(14) Cartulaire de Saint-Melaine, fol. 92 v°.
(15) *Maroué*, canton de Lamballe, arr⁺ de Saint-Brieuc (Côtes-du-Nord).
(16) *Planguenoual*, canton de Pléneuf, arr⁺ de Saint-Brieuc (Côtes-du-Nord).

Noir. Celui-ci cède le 12 mars, à Saint-Melaine, « toutes les dîmes et fruits qu'il possède dans la paroisse de Plémy, près Saint-Mieux (petit hameau situé entre Moncontour et la paroisse qui nous occupe), à charge pour l'abbaye de faire célébrer une messe, lors de l'anniversaire de son décès, et de celui de son père ». Le même Guillaume le Noir emprunte peu après à Saint-Melaine la somme de 170 livres et lui engage en échange toute une série de terres situées dans une paroisse des environs [17], à Ville-Pain et Bogar en Quessoy [18], à Hénon [19] et aussi à Plœuc [20], et jusque dans le canton de Plouguenast à Plessala [21], autant d'accroissements intéressants pour Saint-Melaine qui finit par être le grand propriétaire des environs de Moncontour.

Le second centre des possessions dans l'évêché de Saint-Brieuc fut formé par le prieuré de Saint-Melaine de Lamballe, « *Capellam sancti Melanii de Lambaulio* »; son nom apparaît pour la première fois dans la donation de Geoffroy II en 1140. Mais d'après le *Dictionnaire de Bretagne* d'Ogée, toujours suspect il est vrai, la donation serait antérieure [22]. Quoi qu'il en soit, le prieuré est cité comme bien de l'abbaye et bien incontesté au même titre que Saint-Michel de Moncontour dans les différentes confirmations énumérées plus haut. Il n'en fut pas de même pour une paroisse située à peu de distance de là et qui donna lieu à plus de contestations encore que Bréhand : il s'agit de Planguenoual.

Cette paroisse était en 1138 possédée par deux laïques, Jean et Guillaume, fils d'un recteur de Planguenoual,

---

(17) Les actes concernant Guillaume Le Noir et ses transactions avec Saint-Melaine ont été publiés par Geslin de Bourgogne, tome I des *Anciens Evêchés de Bretagne*, p. 374 sqq. — Les originaux sont aux Archives départementales d'Ille-et-Vilaine, H 73.

(18) *Quessoy*, canton de Moncontour, arr^t de Saint-Brieuc.

(19) *Hénon*, canton de Moncontour, arr^t de Saint-Brieuc.

(20) *Plœuc*, chef-lieu de canton, arr^t de Saint-Brieuc.

(21) *Plessala*, canton de Plouguenast, arr^t de Loudéac (Côtes-du-Nord).

(22) OGÉE, *Dictionnaire historique et géographique de la Bretagne*, 2e édition, Rennes, 1843-1858. 2 vol. in-4°.

Geoffroy. Ceux-ci, « pour l'amour de Dieu et le salut de leurs âmes, abandonnèrent tous leurs droits à Saint-Melaine avec le consentement formel de l'évêque de Saint-Brieuc et de son chapitre, *volente et assenciente sancti Brioci capitulo* ». Cet acte fut signé de nombreux témoins [23]. Mais soit que les droits des deux parties eussent été mal définis, soit que l'évêque ne supportât qu'à contre-cœur de voir Saint-Melaine établi si près du siège épiscopal, la paroisse de Planguenoual donna lieu à de multiples débats durant les xiie et xiiie siècles. Quoique cette donation ait été mentionnée dans toutes les confirmations générales de l'abbaye, on voit constamment des conflits s'élever à propos du droit de patronat, conflits qui tournaient toujours au désavantage de l'évêque. C'est en 1200, Geoffroy II qui est condamné à payer une amende à Saint-Melaine; c'est trois ans plus tard, Josselin, son successeur, qui doit donner 26 livres d'Angers pour la même raison. En 1215, de nouvelles dîmes ayant été établies à Planguenoual, le recteur y trouve une excellente occasion pour réclamer; et, cette fois, il obtient en partie raison, les nouvelles dîmes seront partagées. Mais en 1248, par deux fois, des compositions sont encore nécessaires à propos de dîmes levées injustement par l'évêque de Saint-Brieuc [24]. C'est qu'en effet les revenus de cette paroisse devaient être fort importants. En 1286, le roi de France demanda au clergé une levée exceptionnelle de dîmes; les négociations pour la paix aragonnaise, malgré la médiation du roi d'Angleterre, Edouard Ier, traînaient. Pour amener la paix définitive, un vrai congrès fut nécessaire à Tarascon, d'où nombreux frais et nombreux impôts. Seule des possessions de Saint-Melaine dans l'évêché de Saint-Brieuc, Planguenoual fut taxée. Le collecteur, chargé par l'évêque de Tours de récolter cette dîme,

---

(23) Cartulaire de Saint-Melaine, fol. 83 r°. — GESLIN DE BOURGOGNE, *Anciens Évêchés...*, t. III, p. 393.

(24) La plupart des actes concernant Planguenoual ont eux aussi été publiés dans Geslin de Bourgogne, t. III, pp. 333, 335, 336 et 342.

nous fait savoir qu'il a levé annuellement quatorze livres sur Planguenoual pendant quatre ans, et la dîme fut levée régulièrement jusqu'en 1293 [25].

Ce n'était pourtant pas la seule possession de l'abbaye dans cette région. A l'ouest de Saint-Brieuc, entre Planguenoual et Lamballe, était située une petite paroisse, Coetmieux [26], dont la présentation appartenait à Saint-Melaine. Coetmieux ne faisait pas partie du diocèse de Saint-Brieuc. C'était une enclave du diocèse de Dol, propriété du comte de Penthièvre, qui en fit don aux Bénédictins, sans doute en même temps que Saint-Melaine de Lamballe, vers 1140. Cette paroisse donna lieu au début du xiii⁰ siècle à un conflit entre l'évêque de Dol [27] et Saint-Melaine. L'évêque reconnut le droit de patronat aux moines mais ajouta que c'était la seule paroisse où l'abbaye possédât ce droit en son évêché [28]. En 1314, Pierre Lefèvre, habitant à la Rouayrie, un des faubourgs de Dinan, donne par testament à Saint-Melaine, « la dîme du blé jouste Coesmieux, en Penthièvre », qui se monte annuellement à trois quartiers de froment à la mesure de Lamballe [29].

Dans les paroisses des environs de Lamballe, Saint-Melaine possédait encore plusieurs dîmes et terres; en particulier, à Maroué et à Morieux [30]. Nous avons déjà cité le nom de Maroué à propos d'une composition de 1225, entre Saint-Melaine et l'évêque de Saint-Brieuc. A Morieux, l'abbaye possédait, outre le moulin dit de Babicczon, une dîme qu'elle tenait d'un certain Rieux. En septembre 1262, un habitant de Lamballe qui cultivait à Maroué des terres du prieuré de Saint-Melaine, promet de payer annuellement le champart de ses récoltes, trois perrées de seigle qu'il

<hr>

(25) Cf. Pièce justificative n° V.
(26) *Coesmieux*, canton de Lamballe, arr^t de Saint-Brieuc.
(27) Jean VI de Lizannet (1200-1231).
(28) Cf. Pièce justificative n° VI.
(29) Cf. Pièce justificative n° VII.
(30) *Morieux*, canton de Lamballe, arr^t de Saint-Brieuc.

contestait jusque-là à l'abbaye [31]. En 1267, le duc de Bretagne [32] avait échangé avec l'abbaye de Boquen [33], dont
les possessions étaient nombreuses en cette région, une
dîme qu'il possédait en Maroué, contre divers revenus situés
du côté de Bécherel. L'année suivante, Boquen échangea à
son tour cette dîme avec l'abbaye de Saint-Melaine, contre
une autre dîme située à Morieux et que les Bénédictins
tenaient d'un certain Guillaume Pilart [34]. Le cartulaire
rapporte ces transactions qui arrangeaient sans doute les
deux couvents.

Dans la paroisse de Maroué, l'abbaye possédait encore
un prieuré donné par le comte de Penthièvre, et qui est
désigné dans toutes les confirmations sous le vocable, soit
de Notre-Dame de la Vallée, soit Notre-Dame d'Orval (*de
aurea Valle*). La toponymie actuelle n'indique aucun nom
correspondant; mais une ancienne chapelle, ayant appar-
tenu à Saint-Melaine, est située dans la paroisse de Maroué,
au lieu dit aujourd'hui la Corne. Sans doute faut-il voir
là l'ancien prieuré dont parlent les actes. Son revenu
annuel était, d'après le pouillé de la province de Tours, de
deux cents livres.

Telles étaient, dans l'évêché de Saint-Brieuc, les biens
de Saint-Melaine. Acquis pour la plupart dans le deuxième
quart du XIIe siècle, soit de donations particulières, soit de
la générosité des comtes de Penthièvre, ils étaient, on le
voit, situés à l'ouest de la ville de Saint-Brieuc, entre la mer
et les monts d'Arrée, dans les cantons de Lamballe et de
Moncontour.

<hr>

(31) Arch. dép. d'Ille-et-Vil., H 30, n° 8, Original scellé.

(32) C'est Jean Le Roux, fils de Pierre de Dreux.

(33) L'abbaye cistercienne de Boquen, fondée en 1137, était située dans la
commune de Plénée-Jugon, canton de Jugon et arrondissement de Dinan (Côtes-
du-Nord). Voir, sur cette abbaye, GESLIN DE BOURGOGNE, t. III des *Anciens
Evêchés de Bretagne*, p. 203 sqq.

(34) Cf. Pièce justificative n° IV. — Dans le cartulaire de Saint-Melaine, on
voit cet acte successivement confirmé par Simon, évêque de Saint-Brieuc, le
chapitre de la ville, Guillaume, abbé de Boquen et le duc Jean Le Roux.

Evêché de Tréguier.

C'est encore en Penthièvre qu'étaient situés les biens de Saint-Melaine dans cet évêché. En effet, le comté de Tréguier, dont Guingamp était la principale place forte, fut réuni au primitif comté de Penthièvre, au début du xiiᵉ siècle, par Etienne, le père de ce Geoffroy II, qui s'est déjà signalé par de nombreuses libéralités aux Bénédictins, et sans doute faut-il attribuer à cet Etienne la donation à l'abbaye de Saint-Melaine du prieuré de Saint-Sauveur de Guingamp, la principale de ses possessions dans l'évêché de Tréguier. Cette donation, s'il est difficile de lui assigner une date certaine, est en tous les cas quelque peu antérieure à 1121. En effet, un acte émané du pape Calixte, confirme le 9 décembre 1121, au couvent de Saint-Melaine de Rennes, à la demande de Raoul, évêque de Tréguier, le don de l'église Saint-Sauveur de Guingamp, de la Sainte-Trinité, et de ce qu'ils avaient dans l'église Notre-Dame. Deux ans plus tard, une nouvelle dotation d'Etienne accordait un fouage de vingt sous à percevoir annuellement sur l'église Saint-Sauveur de Guingamp [35]. Grâce à ces dons, le prieuré de Saint-Sauveur put, à cette même date, être transformé en abbaye, avec l'autorisation et en présence de Raoul II, abbé de Saint-Melaine. Un abbé fut solennellement installé par son confrère rennais, et on possède une charte de 1145 réglant les rapports de l'abbaye avec Saint-Melaine. Mais ces visées étaient trop hautes. La nouvelle abbaye ne fut pas assez riche pour subsister et, dès 1151, il fallut la ramener à l'état de prieuré [36].

En 1216, Geoffroy, fils d'Eudon, cède la dîme qu'il levait

<hr>

(35) Arch. dép. d'Ille-et-Vil., H 24, original scellé. — Dom MORICE, *Preuves*, I col. 546.

(36) Arch. dép. d'Ille-et-Vil., H 24. — Dom MORICE, *Preuves*, I, col. 610. — Le prieuré d'abord donné à l'abbaye de Marmoutiers fut, dès l'année suivante, rendu à Saint-Melaine (Dom MORICE, *Preuves*, I, col. 615).

sur la vente du sel à Guingamp [37]. Le prieuré de Saint-Sauveur s'enrichit en outre, au cours des ans, d'autres terres et d'autres droits. En 1271, le 18 mars, toute une famille de cultivateurs, Geoffroy Gauteron, son beau-frère et sa sœur, inféodèrent au prieur deux parties d'un pré situé entre Lochrist et Loc-Inizan, qu'ils tenaient jusque-là librement. Le prieur Etienne s'engageait à leur payer un cens annuel de trois sous, et en outre les mêmes personnages donnaient, en libre et perpétuelle aumône, tous les droits qu'ils pouvaient avoir sur les terres qu'ils accensaient [38] ainsi. L'année suivante, le 23 septembre, une certaine Sybille Chaléyêres et son fils Hamon faisaient don au même prieuré de tous les biens et appartenances qu'ils possédaient dans le village de Moustérus, ne retenant pour eux-mêmes qu'une maison située à l'intérieur des murs de Guingamp [39]. Sans doute faut-il voir là une conséquence des troubles de l'époque. Plutôt que de vivre sans certitude, les cultivateurs préféraient abandonner leurs terres à un établissement ecclésiastique et se retirer à l'abri des murailles, sous la protection du puissant prieuré, dont l'ennemi quel qu'il fut, respectait toujours le caractère sacré.

La Sainte-Trinité ou simplement la Trinité dût être donnée à Saint-Melaine au début du xII[e] siècle. C'était aussi un prieuré dont il est fait mention dans les différents actes concernant les biens de l'abbaye. En 1226, ce prieuré s'accroît de terres qui lui sont confiées par des particuliers habitant la ville [40]. Quand Philippe le Bel eut obtenu du pape l'autorisation de lever des dîmes en vue de la Croisade en Terre Sainte, tous les revenus de la Trinité furent taxés et le collecteur des dîmes, Yves de Bodaye, fit renouveler

---

(37) Cartulaire de Saint-Melaine, fol. 89 v°. — GESLIN DE BOURGOGNE, t. VI, p. 157.

(38) Arch. dép. d'Ille-et-Vil., H 24, original scellé. Cf. Pièce justificative n° VIII.

(39) Arch. dép. d'Ille-et-Vil., H 24, original scellé.

(40) Arch. dép. d'Ille-et-Vil., H 24 et H 26.

sa commission à diverses reprises, en 1290, 1294, etc... Par la suite, ce fut pour leur propre compte que les papes d'Avignon firent lever des taxes et envoyèrent des délégués en Bretagne. Les « receveurs députés », Bonacurse Morelli et Geraud Rinucci, reconnurent avoir reçu des mains de Jean Trassart, au nom du prieur de la Sainte-Trinité de Guingamp, vingt sous de petits tournois [41].

Autour de ces principales possessions vinrent se cristalliser au cours du XIIe siècle de nombreux biens adjacents : terres, dîmes, droits d'usage. Nous ne pouvons tous les énumérer. Entre 1121 et 1158, l'abbaye acquit la chapelle Saint-Léonard [42] mentionnée dans la confirmation de Josse et qui existe encore, alors que Saint-Sauveur et la Trinité disparurent après la Révolution. Aucune précision n'est donnée sur les droits de l'abbaye dans l'église Notre-Dame. Tous les actes se contentent de mentionner « *quod habebant in ecclesia sancte Marie* », sans doute s'agissait-il de dîmes. Les Bénédictins possédaient encore un four à Guingamp, ce qui était une source appréciable de revenus. On sait, en effet, que les boulangers habitant dans un certain rayon autour de ce four étaient obligés, moyennant redevance, d'y cuire leur pain. Et, en 1214, le duc de Bretagne Pierre de Dreux dit Mauclerc confirme à Saint-Melaine la possession de ce four et précise que nul autre ne pourra être bâti entre la porte de Rennes et l'hôpital [43], délimitant ainsi le monopole des Moines. Alice, sa femme, confirma peu après cet

---

(41) Arch. dép. d'Ille-et-Vil., H 24 et H 26.

(42) Cette chapelle fut restaurée par Charles de Blois et elle l'a été plusieurs fois depuis, mais elle conserve quelques parties de construction de l'époque romane.

(43) Il s'agit sans doute de l'Hôtel-Dieu de Guingamp, qu'après la Révolution, on désignait encore sous le nom de l'Hôpital. — Cet acte de Pierre de Dreux fut un des premiers que le fils de Robert de Dreux rendit comme duc de Bretagne. Les rapports de Mauclerc avec l'abbaye de Saint-Melaine furent toujours excellents. Il est d'ailleurs notable que Pierre de Dreux n'eût jamais de démêlés graves avec les abbayes de Bretagne et se signala au contraire par de nombreuses donations. C'est la preuve que son attitude envers les évêques bretons provenait d'une cause politique et purement politique. Le premier des Capétiens qui gouverna la Bretagne ne fut pas, comme on l'a écrit, un prince anticatholique. — En entreprenant ces luttes contre le clergé, il

acte [44]. L'ensemble des prieurés rapportait deux mille livres en 1648. A la Révolution, l'abbaye de Saint-Melaine possédait encore de gros revenus à Guingamp; le prieuré de Saint-Sauveur avait à cette époque haute et basse justice. Chose curieuse, les conflits semblent avoir été rares entre les Bénédictins et l'évêque de Tréguier. Sans doute, leurs droits étaient-ils trop solidement établis pour qu'ils pussent donner lieu à contestations.

En dehors de Guingamp, l'abbaye rennaise possédait encore quelques paroisses dans l'évêché de Tréguier, mais elles ne nous sont connues que par les confirmations générales de Josse et de Lucius. Celles-ci mentionnent, en effet : « *ecclesia de Plomagor, ecclesia de Minibriac* ». Il s'agit, pour la première, de Plomagoar, situé dans le canton et l'arrondissement de Guingamp, au sud de la ville. Quant à Minibriac, cette châtellenie dont le siège était près de Bourbriac [45] fut, au xiie siècle, englobée dans le comté de Penthièvre. Il faut encore noter le petit prieuré de Notre-Dame du Tertre, près de Châtelaudren. Il ne figure pas dans le cartulaire, mais mention en est faite dans le fonds des archives de l'abbaye. Ce prieuré était affermé 400 livres au xviie siècle et ne rapportait plus que 240 livres à Saint-Melaine au cours du xviiie siècle [46].

Geslin de Bourgogne cite enfin, au tome IV de ses *Evêchés de Bretagne (pièces justificatives)*, un acte provenant de l'ex-fonds des Blancs-Manteaux, qui attribue des biens à

avait seulement pour dessein d'abaisser la puissance temporelle de l'épiscopat breton que l'absence d'un pouvoir fort avait exagérément développée. — L'acte de Pierre de Dreux a été publié par GESLIN DE BOURGOGNE, t. VI, p. 154 ; par LA BORDERIE, *Recueil d'actes inédits des ducs de Bretagne*, n° 85, cf. sur Pierre Mauclerc et les évêques bretons, B.-A. POCQUET DU HAUT-JUSSÉ : *Pierre Mauclerc et le conflit politico-religieux en Bretagne au xiiie siècle*, extrait de la *Revue d'Histoire de l'Eglise de France*. 1929, p. 137 sqq. et J. LEVRON : *Pierre de Dreux, dit Mauclerc, duc de Bretagne, comte de Richemond et chevalier de Braine*, dans *Positions des thèses de l'Ecole des Chartes*, 1929, p. 155.

(44) LA BORDERIE, *Recueil d'actes inédits...*, n° 87.

(45) *Bourbriac*, chef-lieu de canton, arrt de Guingamp (Côtes-du-Nord). Sur le Minihy-Briac, cf. LARGILLIÈRE, *Les Minihys*, dans les *Mémoires de la Société d'Hist. et d'Archéol. de Bretagne*, t. VII, 1927, 2e partie, pp. 190 sqq.

(46) Arch. dép. d'Ille-et-Vil., H 30.

Saint-Melaine dans les paroisses de Cavan [47] et de La Roche, situées entre Guingamp et Tréguier. S'il est difficile de préciser ce que les moines possédaient à Cavan, du moins nous savons qu'ils avaient, à La Roche, un prieuré fondé à une date indéterminée par Derrien, seigneur de La Roche et sa femme Amicie. Ce prieuré fut échangé au cours du xiiᵉ siècle contre celui de la Madeleine de Moncontour, possédé jusque-là par les chanoines de Sainte-Croix de Guingamp [48].

Evêché de Léon.

Si Guingamp était, dans l'évêché de Tréguier, le principal centre des possessions de l'abbaye, Morlaix remplissait ce rôle dans l'évêché de Léon. Mais, à vrai dire, une partie de la ville et le principal prieuré dépendaient encore de Tréguier. C'est en effet la rivière de Morlaix qui formait la limite des deux circonscriptions épiscopales. Pourtant, les confirmations générales citant Morlaix dans l'évêché de Léon, nous avons respecté cette division qui pourrait surprendre [49].

Les biens de l'abbaye dans cette ville remontent, eux aussi, au deuxième quart du xiiᵉ siècle : Guyomarch III, vicomte de Léon, fit don à Saint-Melaine de plusieurs territoires situés des deux côtés de la rivière. Saint-Melaine avait peut-être déjà des biens à Morlaix, car Guyomarch parle du « four des moines », ce qui semble impliquer une

(47) *Cavan*, canton de La Roche-Derrien, arrᵗ de Lannion (Côtes du-Nord).

(48) Cf. Dom MORICE, Preuves, t. I. col. 639 et 965. — On trouvera les aveux et dénombrements du temporel des divers prieurés de Saint-Melaine, situés dans le diocèse de Saint-Brieuc, aux Archives départementales de la Loire-Inférieure, B 830. Les plus anciens de ces aveux remontent au milieu du xvᵉ siècle.

(49) On retrouve, dans la toponymie actuelle, l'ancienne division de Morlaix entre les évêchés de Léon et de Tréguier. Il y a, de chaque côté des rives du Jarlot, le quai de Tréguier et le quai de Léon. Les vocables des trois paroisses de la ville rappellent aussi leurs origines monastiques : Saint.Melaine, Saint-Mathieu et Saint-Martin sont d'anciens prieurés de Saint-Melaine de Rennes, de Saint-Mathieu de Fineterre et de Marmoutiers.

ancienne possession. Quoi qu'il en soit, il abandonnait aux Bénédictins : 1° l'église Sainte-Marie de Morlaix et son territoire, depuis, justement, ce four des moines, jusqu'à la vallée de Cloctan (?), avec les terres et les revenus. Cette église était située en Ploujean [50], « *in plebe Johannis sitam* », dans l'évêché de Tréguier, par conséquent. Sur le territoire de cette paroisse, l'abbaye fit construire le prieuré de Saint-Melaine de Morlaix, et plus tard, l'église du même nom dont la cure fut à sa présentation. Etienne, évêque de Tréguier de 1222 à 1237, confirma ce droit le 16 février 1236. Il y eut du reste quelques contestations entre l'évêché et Saint-Melaine. En 1285, par exemple, Yves, archidiacre de Poucastel [51], fait savoir aux moines qu'il ne leur réclamera plus rien sur le prieuré de Morlaix. Un acte semblable, mais non daté, se trouve encore dans le cartulaire de l'abbaye. Le revenu de Saint-Melaine de Morlaix [52] était de 800 livres au xviii° siècle, de 950 livres en 1769 [53]. Quant à l'église de Sainte-Marie, elle subsista au rang de simple chapelle, à moins que l'on ne doive la reconnaître dans l'église du prieuré devenue église paroissiale sous le vocable de Saint-Melaine, patron de l'abbaye rennaise.

Outre le prieuré, Guyomarch avait fait d'autres donations aux Bénédictins, mais dans la partie de la ville dépendant de l'évêché de Léon. C'est d'abord un moulin situé dans la forêt de Cuburien [54], une saline, donation qui semble fréquente, mais qui étonne, car celles-ci ont à peu près complètement disparu dans la région de Morlaix, la chapelle de Berret, en Bouvret ou Bourret. Celle-ci n'existe plus,

---

(50) *Ploujean*, canton et arrond^t de Morlaix (Finistère).

(51) L'archidiaconé de Ploucastel ou de Poucastel « *de pago castelli* » était situé entre Tréguier et Morlaix. Il correspondait, à peu près, à la partie méridionale de l'arrondissement de Lannion. C'était seulement une circonscription ecclésiastique. — Cf. Pièce justificative n° X.

(52) L'église Saint-Melaine de Morlaix fut reconstruite à la fin du xv° et au cours du xvii° siècle.

(53) Arch. dép. d'Ille-et-Vil., H 29.

(54) Forêt qui s'étendait au Moyen Age jusque dans les faubourgs de Morlaix, sur le territoire de Saint-Martin-des-Champs et de Taulé.

mais on conserve son souvenir dans la toponymie locale :
il y a, à Morlaix, le faubourg de Bourret. En outre, importante concession : tout ce qu'il y a de bois sec dans la forêt
de Cuburien, à l'usage du four, du moulin et de la saline;
enfin, toute la dîme du miel du pays de Léon et de Poucastel,
deux parts de la dîme dans la paroisse de Plouénan [55], etc...

Cet acte très important avait été confirmé par Salomon,
évêque de Léon [56], ce qui le place vers 1150, puis par le
fils de Guyomarch, Hervé II, qui s'intitule fièrement, lui
« comte de Léon », alors qu'il se contentait de décerner à
son père le titre de vicomte. C'est cette deuxième confirmation que nous avons [57].

On sait que les comtes de Léon disparurent assez vite
et que les ducs de Bretagne s'emparèrent de leur patrimoine.
Quelques conflits devaient fatalement s'élever entre eux et
l'abbaye rennaise. Ils avaient fait, vers 1180, construire un
four, d'où réclamation violente des moines qui, à Morlaix
comme à Guingamp, tenaient à leur monopole sur la cuisson
du pain. On exhiba les anciennes donations de Guyomarch
par devant le bailli de Morlaix et leur bon droit fut
reconnu [58]. Environ un siècle plus tard, un nouveau conflit
s'étant élevé à propos du moulin des moines, et le duc de
Bretagne leur ayant causé un véritable dommage, il
échangea le dit moulin contre dix livres de revenu annuel,
payables moitié à Noël, moitié à la Saint-Jean [59]. La confirmation de Josse énumère encore comme appartenant
à Saint-Melaine la moitié des revenus dans la paroisse
de Saint-Martin. Toute cette paroisse faisait autrefois
partie de Morlaix; à l'époque de la Révolution, la partie
rurale est devenue une commune distincte, Saint-Martin-
des-Champs, qui continue à appartenir au point de vue

(55) *Plouénan*, canton de Taulé, arr^t de Morlaix.
(56) Salomon, évêque de Léon de 1146 à 1157.
(57) Pièce justificative n° I.
(58) Pièce justificative n° IX.
(59) Cartulaire de Saint-Melaine, fol. 183 v°. — LA BORDERIE, *Nouveau recueil d'actes inédits...*, n° X.

religieux à Saint-Martin de Morlaix. La donation de revenus au profit de Saint-Melaine devait remonter au milieu du xii° siècle, un peu après la confirmation d'Hervé qui ne la mentionne pas.

Les Bénédictins avaient encore plusieurs possessions dans l'évêché de Léon. C'était d'abord un prieuré dans l'île de Batz [60], au nord de Roscoff. Ce prieuré, que mentionnent Josse et Lucius, possédait des terres, dans l'île et sur le continent, à l'intérieur même du *Minihy* épiscopal. Un acte du 8 novembre 1323 [61] (c'est un des plus tardifs du cartulaire) nous fait en effet connaître que diverses personnes habitant Saint-Pol ont reçu en inféodation perpétuelle de l'abbaye de Saint-Melaine et du prieuré de l'île de Batz plusieurs terres situées dans deux des paroisses de Saint-Pol [62], avec la condition formelle de construire ou faire construire une habitation dans les deux mois. Cet acte présente un très grand intérêt pour l'histoire de Roscoff : c'est en effet, en quelque sorte, la charte constitutive de cette ville, qui, à la suite de cet acte, se forma autour de l'église de Croaz-Batz. Le prieuré fut uni au séminaire de Léon en 1686.

Les confirmations générales citent encore plusieurs églises du diocèse de Léon, qui appartenaient à Saint-Melaine. Le prieuré de Lochrist [63], « *ecclesia de Loc-Christ* », dont le revenu en 1645 était de 450 livres; l'église de Pensez, petit port dans la commune de Taulé, près de Plouénan, le prieuré de Loc-Breden « *Loc Bridanni* », toujours dans la commune de Plouénan et l'arrondissement de Morlaix [64].

La plus occidentale des possessions de l'abbaye, la plus lointaine de Rennes, était située en dehors du continent,

(60) *Batz*, canton de Saint-Pol-de-Léon, arr^t de Morlaix.

(61) Cf. Pièce justificative n° XI.

(62) Saint-Pierre et Toussaints, paroisses desservies à la Cathédrale. Saint-Pierre possédait aussi une chapelle qui existe encore dans le cimetière de Saint-Pol-de-Léon.

(63) *Lochrist*, commune de Plounévez-Lochrist, canton de Plouescat, arr^t de Morlaix.

(64) Arch. dép. d'Ille-et-Vil., H 29 et H 30.

plus loin que la pointe de Saint-Mathieu, à l'île d'Ouessant [65]. Saint-Melaine avait là un prieuré et la présentation à l'église paroissiale de Saint-Paul. L'emplacement du prieuré, qui rapportait (d'après le pouillé de Tours) 750 livres, est indéterminé : peut-être était-il situé au port d'Ouessant, Porspaul, ou près de l'église paroissiale Saint-Paul. Ce prieuré rapportait encore quelques dîmes à Saint-Melaine au xvııı° siècle. Leur valeur totale était alors de 95 livres environ. Il subsistait en 1781, date à laquelle on l'unit au séminaire de Léon, qui affermait pour 1.980 livres les revenus de Batz et d'Ouessant [66].

Une question se pose à propos de ces lointaines possessions de l'abbaye : d'où provenaient-elles ? Elles sont assez anciennes, puisqu'on les voit citées dès 1150. L'histoire de l'église bretonne au début du Moyen Age est encore trop obscure pour qu'on puisse répondre d'une façon certaine. Peut-être s'agissait-il d'épaves d'anciens domaines monastiques bretons tôt disparus, et qui auraient passé à Saint-Melaine, lors de la constitution du grand établissement bénédictin. Cette hypothèse, émise par le regretté M. Largillière à propos du Minihy-Briac [67], pourrait peut-être s'appliquer à la plupart de ces biens éloignés de Rennes.

Evêché de Vannes.

Grande incertitude aussi en ce qui concerne les possessions de l'abbaye dans l'évêché de Vannes. On ne les trouve mentionnées que dans la seule confirmation générale du pape Lucius qui énumère, « *in episcopatu Venetensi,*

---

(65) *Ouessant,* canton et arr^t de Brest (Finistère).

(66) Arch. dép. d'Ille-et-Vil., H 29. — PEYRON, *Notice historique sur les séminaires de Quimper et de Léon,* Quimper, 1889, in-18, pp. 108-109, 116. Le séminaire devait payer 750 l. de portion congrue au recteur et au vicaire de Batz et une rente de 85 l. au recteur d'Ouessant. — Les Archives du Finistère possèdent de nombreux documents sur le prieuré de l'île de Batz (Liasses 8 G 30 à 48), mais ils ne remontent pas plus haut que le xviı° siècle.

(67) Cf. R. LARGILLIÈRE, art. cit., p. 196.

ecclesiam sancti Melanii de Reus [68], *cum capellam sancte Marie de Hempont* ». Josse n'en parle pas et comme les confirmations pontificales sont toujours suspectes d'inexactitude, on pourrait à bon droit douter des possessions des Bénédictins, si un acte daté de juillet 1218 ne venait nous assurer de la propriété de Saint-Melaine sur l'église de Rieux. Cette paroisse, autrefois place forte du comté de Vannes, était partagée entre l'abbaye de Saint-Melaine, celle de Saint-Sauveur de Redon [69] et celle de Saint-Gildas de Ruys [70]. Il y avait en son territoire plusieurs prieurés dépendant de ces diverses abbayes et c'est une composition entre l'abbé de Saint-Gildas et celui de Saint-Melaine que mentionne le cartulaire [71]. Il s'agit d'un achat de terres nécessité au couvent de Saint-Gildas par une rente annuelle de dix livres qu'il payait à notre abbaye. Quant à la chapelle Sainte-Marie de Hampont c'est le prieuré de Notre-Dame d'Hennebont [72], mentionné dans les pouillés de la province comme dépendant de l'abbaye jusqu'en 1666, date de son union aux Ursulines d'Hennebont [73].

Ces actes sont trop vagues pour permettre de connaître exactement la valeur et l'étendue des possessions de Saint-Melaine dans l'évêché de Vannes. Il faut se contenter d'admettre leur existence et leur acquisition probable au cours du XIIe siècle, sans doute vers la fin de ce siècle, puisqu'elles ne sont pas énumérées dans la confirmation de Josse qui date de 1158.

<hr>

(68) *Rieux*, canton d'Allaire, arr[t] de Vannes (Morbihan).

(69) Cf. *Cartulaire de l'abbaye de Redon*, par A. DE COURSON.

(70) L'abbaye bénédictine de Saint-Gildas, située dans le canton de Sarzeau, arrondissement de Vannes (Morbihan), est à peu de distance de Rieux.

(71) Pièce justificative n° XII.

(72) *Hennebont*, canton et arr[t] de Lorient (Morbihan).

(73) Cf. sur ce prieuré, dit Notre-Dame de Kerguelen, LE MENÉ, *Histoire des communautés situées en dehors de Vannes* (Vannes, 1905, in-8°), p. 259. — L. ROSENZWEIG (*Cartulaire du Morbihan*, t. I, p. 195) a publié l'acte de donation de cette possession à Saint-Melaine ; cette donation, faite par un particulier nommé Henri, est de l'an 1200.

Le prieuré de Notre-Dame levait, au XIIIe siècle, une d me dans les paroisses de Saint-Caradeuc, d'Hennebont et de Caudan (Dom MORICE, *Preuves*, t. I, col. 1045-1046).

Telles étaient, entre la fin du xi⁰ siècle et le début du xiv⁰ siècle, et d'après le cartulaire de l'abbaye, les possessions de Saint-Melaine dans les quatre évêchés bretons de Saint-Brieuc, Tréguier, Léon et Vannes, car nous ne comptons pas Dol, puisque le seul bien de l'abbaye en cet évêché, Coësmieux, est une enclave de Saint-Brieuc.

La pauvreté des archives bretonnes ne nous permet guère de connaître l'origine de la plupart de ces possessions. Quant aux modes de tenure, ils ne présentent rien de très original. L'inféodation de terre moyennant un cens annuel, redevance en numéraire ou champart des récoltes, est la règle commune à la Bretagne comme au reste de la France. Le domaine congéable existait-il sur les terres de notre abbaye ? C'est possible, rien dans les actes ne nous permet de l'affirmer, mais cette courte étude aura pour résultat de montrer, outre la richesse matérielle de Saint-Melaine dans tout notre pays, sa puissance véritable, aussi bien vis-à-vis des seigneurs féodaux qui l'enrichirent que du duc lui-même; enfin, et surtout son rôle de protection envers les faibles, les cultivateurs soucieux d'être défendus et qui n'hésitaient pas à aliéner leurs terres et leurs personnes pour obtenir une sécurité que les luttes féodales rendaient extrêmement précaire.

Jacques LEVRON.

PIÈCES JUSTIFICATIVES

Beaucoup des actes dont il a été question dans l'étude précédente ont déjà été édités par les Bénédictins, par Geslin de Bourgogne ou par La Borderie dans des ouvrages cités plus haut. Nous publions ci-dessous ceux qui sont encore inédits ou dont la publication a été fautive. Nous avons adopté l'ordre méthodique : confirmations générales, puis donations particulières ou transactions, évêché par évêché.

I

S. L. N. D. [après 1150]. — Confirmation par Hervé, comte de Léon, de la donation de son père, Guyomarch III, à Saint-Melaine.

(Cartulaire de Saint-Melaine, fol. 186 v°. — Edition Dom MORICE, *Preuves de l'Histoire de Bretagne*, t. I, col. 621) (1).

Ego H... Dei gratia Leonensis comes, pro salute anime mee et pro animabus omnium parentum meorum tam antecessorum quam successorum, do et concedo et sigilli mei impressione confirmo donum quod donavit pater meus G, vicecomes, Deo et sancto Melanio et monachis ipsius perpetualiter habendum, scilicet ecclesiam Sancte Marie apud montem Relaxum in plebe Johannis constructam et totum dominium terre et quicquid sui juris erat in tota terra illa a furno videlicet monachorum usque ad vallem que vallis Cloctan dicitur, quod donum allodarii ipsius terre godienses scilicet gratanter in presencia predicti patris mei et plurimorum aliorum, qui in carta inde facta plenius annotati reperiuntur, libere et quiete dederunt et

(1) La publication de Dom Morice est incomplète et souvent fautive.

concesserunt. Dedit eciam jamdictus vicecomes predictis monachis ad usum domus sue et furni et sartagini̯s] sui ubi sal conficiebatur, sufficienciam de siccis lignis que in silva ipsius Cumburium vocata reperiuntur, et molendinum suum, et duas partes decime de Plebe Menoen, et medietatem decime mellis sui de pago Leonensi et de pago Castelli, et totam capellanam de Borret, quam eis, precatu vicecomitis hoc donum facientis, concessit et confirmavit Salomon, Leonensis episcopus. Addidi eciam donis patris mei, pro salute ipsius [et] anime mee, redecimam decimarum mearum per totam Leoniam et hec omnia et quicquid adquirere poterint dono meo vel baronum meorum libere et quiete habenda concessi et confirmavi in presencia filiorum meorum, E. scilicet abbati et H. Leonensis ecclesie electi qui hoc donum viderunt et gratanter concesserunt. Ego H. et ipsi duo filii mei testes, et filius Mastric et R. de Leneven et R. filius Glevio archidiaconi, testes; Tudoret filius Gralon et G. Rufus et Morianus frater ejus testes; E. filius Otun testis; H. filius Relcalagre testis; R. et Hameri et Bugoarn testes; R. Tanet testis. Hoc fuit factum in tempore B. prioris.

II

1185, 1ᵉʳ juillet; Vérone. — Confirmation générale du pape Lucius III.

(Cartulaire de Saint-Melaine, fol. 209 rᵒ et 209 vᵒ.)

Lucius episcopus, servus servorum Dei, dilectis filiis Gervasio, abbati monasterii sancti Melanii quod in Redonensi civitate situm est, ejusque fratribus, tam presentibus quam futuris regularem vitam professis in perpetuum. Religiosam vitam eligentibus apostolicum convenit adesse presidium ne forte cujuslibet temeritatis incursus aut eos a proposito revocet aut robur, quod absit, Sacre religionis infringat. Ea propter, dilecti in domino filii, vestris justis postulacionibus clementer annuimus et prédecessorum nostrorum felicis memorie Calixti, Innocentii et Alexandri, Romanorum pontificum, vestigiis inherentes, prefatum monasterium in quo divino mancipatio estis obsequio, sub beati Petri et nostra protectione suscipimus, presentis scripti privilegio communimus. In primis siquidem statuentes, ut ordo monasticus qui secundum Deum et beati Benedicti regulam institutum esse dignoscitur, perpetuis ibidem temporibus inviolabiliter observetur. Preterea, quascumque possessiones, quecumque bona idem monasterium in presenciarum juste et canonice possidet aut in futurum, concessione pontificum, largicione regum, vel principum, oblacione fidelium seu aliis justis modis, prestante Domino, poterit adipisci, firma vobis vestrisque successoribus et illabata permaneant. In quibus hec propriis duximus exprimenda vocabulis locum ipsum in quo prefatum monasterium situm est cum omnibus pertinenciis suis... [1]. In episcopatu Briocensi ecclesiam sancti Michaelis cum suis appendiciis de Montouris [*sic*], ecclesiam de Breon, capellam sancti Michaelis de Lambalio cum suis appendiciis, ecclesiam de Plogonoal cum suis appendiciis ecclesiam de Cochinaouc cum capella Aurea Valle. In episcopatu Trecorensi, cella sancti Salvatoris apud Guingempe, cum ecclesiis, decimis et possessionibus suis, ecclesiam sancte Trinitatis et quod habet in ecclesia sancte Marie et ecclesiam sancti Leonardi in ipso castro sitas, ecclesiam de Minibriac et quod habet in ecclesia de Plomagor. In episcopatu Leonensi ecclesiam Bath Pauli cum suis appendiciis. In ecclesia que vocatur Ossan, ecclesiam sancti Pauli cum suis appendiciis, ecclesiam Loci Christi cum suis appendiciis, ecclesiam Loci Bridanni, ecclesiam de Pansei, ecclesiam sancti Melanii de Monte Relapso et quicquid habetis in ecclesia sancti Martini. In episcopatu Venetensi,

____

ecclesiam sancti Melanii de Rais et capellam sancte Marie
de Hempont... [1]. Sane novalium vestrorum que propriis
manibus aut sumptibus colitis sive de nutrimentis animalium
vestrorum nullus a vobis decimam exigere vel extorquere
presumat, liceat quoque vobis clericos vel laicos e seculo
fugientes liberos et absolutos ad conversionem recipere et
eos absque contradicione aliquam retinere. In parrochia-
libus vero ecclesiis quas tenetis, liceat vobis sacerdotes
eligere et diocesano episcopo presentare quibus, si ydonei
fuerint, episcopus curam animarum commitat, ut ei de spiri-
tualibus, vobis autem de temporalibus debeant respondere.
Sepulturam preterea illius loci liberam esse decernimus
ut eorum quoque devocioni et extreme voluntati qui se illic
sepeliri deliberaverint, nisi forte excommunicati vel inter-
dicti sint. Nullus obsistat, salva tamen justicicia (*sic*)
illarum ecclesiarum a quibus mortuorum corpora assumun-
tur, obeunte vero te nunc ejusdem loci abbate vel tuorum
quolibet successorum. Nullus ibi qualiter surrepcionis
astucia seu violencia preponatur nisi quem fratres de com-
muni concensu, vel fratrum pars consilii saniorum secundum Dei timorem et beati Benedicti regulam providerint
eligendum; decernimus ergo ut nulli omnino nomini fas
sit prefatum monasterium temere perturbare aut ejus
possessiones auferre, vel ablatas, retinere, minuere seu
quibuslibet vexacionibus fatigare, sed omnia integra
conserventur eorum pro quorum gubernacione ac substan-
tacione concessa sunt usibus omni modis prefutura, salva
sedis Apostolice auctoritate et diocesanorum episcoporum
canonica justicia. Si qua igitur...

Ego Lucius Catholice Ecclesie episcopus. Ego Theodinus
Portuensis et sancte Rufine sedis episcopus; ego Hunricus
Albanensis episcopus; ego Theobaldus Hostiensis et Velle-
transis episcopus; ego Johannes presbyter cardinalis titulo
sancti Marci, ego Laborans, presbyter cardinalis titulo sancte

___

[1] Suivent les possessions de l'abbaye en Angleterre.

(sancte) Marie trans Tyberim; ego Hubert presbyter cardinalis titulo sancti Laurencii in Damaso; ego Pandus presbyter cardinalis titulo basilice' duodecim Apostolorum; ego
Aloinus presbyter cardinalis titulo sancte Crucis in Jerusalem; ego Melio sanctorum Johannis et Pauli presbyter
cardinalis titulo Paviatinerii; ego Ardicio diaconus cardinalis sancti Theodorii; ego Gracianus sanctorum Cosme et
Damiani diaconus cardinalis; ego Sosfredus sancte Marie
in via lata diaconus cardinalis; ego Rolandus, sancte Marie
in Porticu diaconus cardinalis; ego Petrus sancti Nicholai
in carcere Tuliano diaconus cardinalis; ego Radulphus
sancti Georgii ad velum aureum diaconus cardinalis.
Datum Veronii per manum Alberti sancte Romane ecclesie
presbyteri cardinalis et cancellarie; kalendas julii, indic-
tione tercia, incarnacionis dominice anno M... octagesimo
quinto, pontificatus vero domini Lucii pape tertie, anno
quarto.

III

Saint-Brieuc. — **Bréhand.**

*1220-1226. — Don, par deux laïcs, de la paroisse de Bré-
hand, à l'abbaye de Saint-Melaine.*

(Cartulaire de Saint-Melaine, fol. 92 r°. — Edition GESLIN DE BOURGOGNE
et BARTHÉLEMY, *Anciens Evêchés de Bretagne*, t. III, p. 332.)

Tam presentibus quam futuris, notum fieri volumus quod
Johannes, venerabilis episcopi (*sic*) sancti Brioci, cūm
assensu capituli sui donavit ecclesiam de Bréhant, salvo
jure episcopali, Radulfo [1] abbati et monachis sancti Melanii
in perpetuo habendam, concedentibus atque ipsum episcopum deprecantibus illis qui eam jure hereditario diucius
obtinuerant, videlicet Morsano Guernone et Eudone Prec-
las, Judicaelo quoque ejusdem ecclesie presbitero, qui,

(1) **Raoul II, abbé de Saint-Melaine (1120-1126).**

relicto seculo, in monasterio sancti Melanii ordini monastico sese mancipavit. Deinde quibusdam emulis hoc donum calumpniantibus et super hoc clamorem suum ante episcopum deponentibus, magna lis exorta tali modo sopita est · Episcopus siquidem domnum abbatem Radulfum et monachos sancti Melanii predictosque adversarios, dato competenti termino et loco, ad causam convocavit, racionibus vero utriusque partis in presencia autenticarum personarum in concilio Briocensi expositis, omnium qui aderant judicio scilicet archiepiscopi Dolensis suorumque clericorum, Trecorensis episcopi et suorum atque archidiaconorum sancti Brioci et Aldrinii capellani comitis ac Eudonis capellani comitis multorumque aliorum clericorum, prefata ecclesia abbati et monachis consona voce adjudicata est, de qua episcopus Briocensis in conspectu omnium qui aderant, abbatem et monachos, distante justicia revestivit, salvo jure episcopali, sicut supradictum est. Hujus rei testes sunt : ipsi judices superius nominati, abbas Radulphus cum monachis suis, Teobaldo priore, Roberto de Moncontorio, Gaufrido de Moriaco, Tehello, Guiellmo, Judicaelo de Brehant, Judicaelo de Plomaldan, Galterio de Lambaulio, Sesberto, sancti Martini priore de Lambaulio, laici vero Morinus filius Normanni et frater ejus, Robertus, Hamo quoque filius Roberti, Moricius de Moriaco, Orvœdus filius Aldrini, Hamo filius Hoeldi de Cornitico et multi alii.

IV

SAINT-BRIEUC. — Maroué.

1268. — Confirmation par Symon, évêque de Saint-Brieuc, d'un échange de dîmes entre le couvent de Boquen et celui de Saint-Melaine.

(Cartulaire de Saint-Melaine, fol. 84 r°.)

Universis etc... Noveritis quod nos, excambium illud seu permutacionem illam quod vel quam viri religiosi abbas et

conventus de Boquian, Cisterciensis ordinis, pro domino
J. duce Britannie, cum viris religiosis abbate et conventu
sancti Melanii Redonensis fecerunt de decima sua de juxta
Lambaliam sita in parrochia de Marai quam dicti abbas et
conventus de Boquian habuerant a domino J. duce Britannie et quam dictus dux habuerat a Petro de Maroi,
armigero, pro decimis quas dicti religiosi abbas et conventus sancti Melanii Redonensis habebant et habere debebant
racione Guiellmi Pilart presbyteri, sitis in parrochia de
Morioc, ratum et gratum habemus et confirmamus. In cujus
rei etc... Datum anno Domini Mcc. sexagesimo octavo.

V

SAINT-BRIEUC. — **Planguenoual.**

*1290, 20 mai; Rennes. — Levée d'une dîme royale sur
Planguenoual.*
(Cartulaire de Saint-Melaine, fol. 201 r°.)

Viro venerabili et discreto magistro Guiellmo de Voy-
cello, canonico Turonensi, suus Johannes secula beneficia-
rius in ecclesia Redonensi, collector decime domino regi
Francie a sede Apostolica de novo per triennium concesse
pro negocio Arragonie Valencieque regnorum in dyocesi
Redonensi constitutus, salutem cum reverencia et honore.
Noverit vestra discrecio quod abbas beati Melanii Redonensis mihi satisfecerit de decima quattuor annorum Arragonie
preteritorum concessa domino regi pro negocio supradicto,
videlicet pro quolibet anno dictorum quattuor annorum de
quadraginta et duabus libris et de hoc computavi prout in
vestris licteris poteritis invenire. Et credo et intendo pro
certo quod idem abbas satisfecit collectoribus dicte decime
in civitate Macloviensi et Briocensi deputatis, de octo decem
libris quolibet anno dictorum quattuor annorum videlicet

pro prioratu de Ploguenoual in civitate Briocensi collectoribus ibidem deputatis quattuordecim libras et collectoribus
in civitate et dyocesi Macloviensi deputatis quattuor libras
annuatim, videlicet pro prioratu de Guichen [1] quadraginta
solidos et pro prioratu de Miniac [2] quadraginta solidos
annuatim et hoc vobis significo per presentes licteras,
sigillo meo sigillatas. Datum Redonis die Sabbati ante
Penthecostem domini, anno ejusdem Mcc. nonagesimo.

VI

Dol. — Coësmieux.

*S. D. (1201-1231); Dol. — Accord entre Jean, évêque de
Dol et l'abbaye de Saint-Melaine sur le débat mu entre
lui et ladite abbaye à propos du droit de patronage
réclamé par Saint-Melaine sur la paroisse de Coësmieux.*
(Cartulaire de Saint-Melaine, fol. 171 r°.)

Universis etc... J., Dei gratia Dolensis ecclesie minister
humilis, salutem in Domino. Noverit universitas vestra quod
cum inter nos, ex una parte, et abbatem et monachos sancti
Melanii Redonensis, ex alia, controversia verteretur super
ecclesia de Comeuc, cujus ecclesie patronatus dicti abbas
et monachi ad se dicebant pertinere, Tandem nos, diligenti
super hoc facta inquisicione et super jure monachorum
audito synodi nostre testimonio, magnis viris et fide dignis
ipsorum jus super patronatu ejusdem ecclesie protestanti-
bus, presentibus eciam et assensum prebentibus archi-
diacono, thesaurario et quibusdam aliis canonicis nostris
Dolensibus, jus patronatus ipsius ecclesie quod ad eosdem
monachos videbamus certissime pertinere eisdem, salvo in
omnibus jure episcopali duximus indulgendum, volentes
et decernentes quod iidem monachi in perpetuum sine
cujusque reclamacione ejusdem ecclesie possideant patrona-

(1) *Guichen*, chef-lieu de canton, arr[t] de Redon (Ille-et-Vilaine).
(2) *Miniac*, commune du canton de Bécherel, arr[t] de Montfort (I.-et-V.).

tum. Concessit autem abbas sancti Melanii et fideliter promisit pro se et pro capitulo suo quod singulis annis tam ipse quam successores ejus ad synodum Dolensem de cetero venient, aut priorem abbacie sue loco suo transmictent, si ipsi forte in personis propriis venire non potuerint, ipsos causa racionabili detinente. Recognovit autem memoratus abbas pro se et pro conventu suo quod in nulla alia ecclesiarum dyocesis nostre jus patronatus habebat nec in patronatu earumdem ecclesiarum aliquid in posterum reclamaret nisi de voluntate et assensu episcoporum Dolensium aliquid ibi potuerint, volente Domino, racionabiliter de novo jure adipisci. Hoc autem concessit memoratus abbas, salvis elemosinis et porcionibus decimarum quas abbacia sancti Melanii percipere debet in ecclesiis quibusdam Dolensis dyocesis, salvis etiam oblacionibus in eisdem ad ipsam abbaciam pertinentibus. Sciendum quoque quod abbas ad synodum Dolensis venire non debet ex debito, nisi semel in quolibet anno. Nos itaque ne forte processu temporis inter Dolensem ecclesiam et ecclesiam sancti Melanii Redonensis questionis recidive scrupulus renascatur, factum istud presenti scripto, sigillique nostri testimonio duximus confirmandum. Testes sunt Willelmus archidiaconus, Julianus thesaurarius, magister Radulfus de Argentreio, Ricardus, Rufinus et Gaufridus de Bydon, canonici Dolenses, et paganus de Becherel et alii plures.

VII

DOL. — Coësmieux.

1314, 30 juillet; Redon. — Donation à Saint-Melaine d'une dîme située près de Coësmieux.

(Cartulaire de Saint-Melaine, fol. 179 r°.)

Johan, duc de Bretaigne, à touz ceoux qui ces leitres verront ou orront, salut. Sachent touz que nous voulons et

consentons que Religious homes, l'abbé et le convent de
Saint Melayne de Rennes, ayent, tiengnent, poursient et
lievent tant comme il nous pleira et en la maniere qu'ils
tiennent lour autres fez de nous, la desme des blez que Pierre
Lefevre de la Roayrie de Dinan lour donna en son testament jouste Cœsmouc en Penthevre qui se monte trois
quartiers de froment par chescun an a la mesure de Lam-
bale par chescun an ou environ. E en tesmoign de ce, nous
avons donne aus dez Religious ces presentes lettres saellees
de notre seau. Donne a Redon, le mardi apres la feste de
St Jaque et de saint Christofle, l'an de grayce 1314.

VIII

TRÉGUIER. — **Saint-Sauveur de Guingamp.**

*1271 (nst), 18 mars;   . — Des cultivateurs accensent
leurs terres au prieuré Saint-Sauveur de Guingamp.*
(Arch. dép. d'Ille-et-Vil., H 24, original scellé, sceaux tombés.)

Universis presentes litteras visuris vel audituris, Guido-
marus, archidiaconus Trecorensis tunc temporis, salutem
in Domino. Noverint quod in jure coram nobis constitutis
Religioso viro fratre Stephano priore sancti Salvatoris de
Guengamp nomine suo et predicti prioratus, ex parte una,
et Gaufrido Gauteron, Hamone Ploearuet sororio predicti
Gaufridi et Amicia ejusdem Hamonis uxore, ex altera,
transtulerunt dicti Gaufridus Hamo et Amicia in predictum
prioratum sancti Salvatoris duas partes que ad ipsos Gau-
fridum, Hamelinum et Amiciam tunc temporis spectabant
in quoddam prato sitto apud Lespuez juxta terras dicti
prioratus, videlicet in confinio magni itineris quod ducit de
Vallis Inisani ad Villam Christi ex parte una et iter quod
ducit ad vallem molendini Stephani ex altera ab eodem
prioratu habendum im perpetuum et eciam possidendum

ipsumque priorem nomine ejusdem prioratus et posses-
sionem corporalem predictarum duarum parcium induxe-
runt; et promiserunt insuper predicti Gaufridi, Hamo et
Amicia, pro se et pro suis se garantizaturos fideliter predictum prioratum super predictis duabus prati partibus; se
eciam ipsi Gaufridus, Hamo et Amicia ad hoc suo ypoteca
bonorum suorum omnium specialiter obligaverunt pro
quibus duabus partibus, idem prior nomine prioratus ejusdem tres solidos annui et perpetui redditus, eisdem Gaufrido, Hamone et Amicie et eorum heredibus assignaverunt.
Et qui Gaufridus, Hamo et Amicia insuper contulerunt
eidem prioratui in puram et perpetuam elemosinam omne
aliud jus que *(sic)* ad ipsos ultra dictas duas partes in prato
hujusmodi competebat, quos Gaufridus, Hamo et Amicia,
pro se et pro suis garantizaturi fideliter predictum prioratum super duabus prati partibus antedictis, presenti et
consencienti eidem priori nomine prioratus ejusdem in hiis
scriptis sententialiter condempnamus. In cujus rei testimonium et robur presentes litteras sigillo nostro duximus
sigillandas. Datum die mercurii post letare Jerusalem. Anno
Domini M° cc° septuagesimo.

IX

LÉON. — **Morlaix.**

*S. D. (1182-1186). — Accord entre le duc de Bretagne et
l'abbaye de Saint-Melaine, à propos du jour de Morlaix,
par devant Yves, évêque de Léon.*
(Cartulaire de Saint-Melaine, fol. 89 r°.)

Omni visui et audituri prebenda et auctoritas et veredica
relatio, universis fide libet hanc scripturam legentibus.
Ego I. [1] Dei gratia Leonensis episcopus, notifico quod

(1) Yves, évêque de Léon (1180-1186).

quedam contencio erat inter ballios G. ducis Britannie et monachos sancti Melanii super coctoribus furni quod est in burgo monachorum de Monte Relaxo. Dicebant enim baillii homines comitis qui sunt in parrochia sancti Melanii panes suos coquere nisi in furno comitis; monachi vero acclamabant hoc de jure suo esse et de dono Guihomari vicecomitis et Her. filii ejus et G. filii Hervei et nobilis uxoris sue. Tandem, consilio bonorum virorum habito, data est a bailliis opcio monachis, quod si possent hoc probare antiquorum hominum actestacionem, in pace eis dimicteretur. Monachi itaque adduxerunt quam plurimos antiquos et nobiles viros ante De. baillium in curia illius et in presencia nostra, qui veraciter testati sunt omnes homines qui in parrochia sancti Melanii de Monte Relaxo sunt, debere panes suos in furno monachorum coquere, et hoc habere de dono Gui. vicecomitis et Her. filii ejus et Gui. filii Her. et nobilis uxoris ejus. Et ut ex hoc in posterum lis sopiatur, sigilli nostri quod vidimus et audivimus auctoritate munivimus; et ipse Derian baillius qui tunc temporis erat, sigilli sui munimine actestatus est. Teste sunt hii : Ego Ivo episcopus Leonensis, Herveus, Eudo filius Bernardi, Salicus clerici, Briencius, Ruiallonus monachi, Salomon capellanus, Johannes et alter Johannes presbyteri, Hamo senescallus, Eudo filius Bartholomei et Berthon frater ejus, Helyas Judicalis filius Gomobri, Eudo filius Damelen et multi alii.

X

LÉON. — **Morlaix.**

1295, 8 août. — Composition entre Yves, archidiacre de Ploucastel et l'abbaye de Saint-Melaine, à propos du prieuré de Saint-Melaine de Morlaix.

(Cartulaire de Saint-Melaine, fol. 98 r°.)

Universis presentes licteras etc... Yvo, archidiaconus de Pago Castelli in ecclesia Trecorensi salutem in Domino.

Notum facimus universis quod cum contencio verteretur inter nos ex una parte et religiosos viros abbatem et conventum sancti Melanii Redonensis ex altera, super jure, possessionibus et percepcionibus fructuum prioratus sive domus sancti Melanii de Monte Relauxo ad predictos religiosos et eorum abbaciam pertinentibus, quod nos, non vi, metu vel dolo, ad hoc inducti pro nostra spontanea voluntate predicte domui ad ministratum *(sic)* predicte domus et percepcioni fructuum ejusdem et omnibus aliis juribus in dictis prioratu et domo nobis competituris et competentibus quoquo modo seu qualibet racione, jure ordinario nobis salvo [renunciamus]. Et promictimus bona fide quod nichil de cetero, racione administracionis predicte in dictis prioratu, domo et pertinenciis eorumdem per nos vel per alium seu alios reclamabimus in futurum nec faciemus reclamari. Et tenemur dictum prioratum sive domum ab omnibus debitis, procuracionibus, decimis domini regis et ab omnibus obligacionibus aliis quam monasterii predicti quitum, liberum, reddere et immunem usque ad datam presenciam licterarum. In cujus rei testimonium et munimen presentes licteras predictis religiosis sigillo nostro una cum sigillo officialis domini episcopi Trecorensis apud Guengampum ad majorem certitudinem dedimus sigillatas. Datum Mercurii ante festum beati Laurencii, anno Domini M° cc° nonagesimo quinto.

XI

Léon. — **Batz.**

1328, 8 novembre; Rennes. — Inféodation de terres, appartenant à l'abbaye, situées à Saint-Pol-de-Léon et dépendant du prieuré de l'île de Batz, à plusieurs cultivateurs de Roscoff.

(Cartulaire de Saint-Melaine, fol. 88 r°.)

Notrum sit etc... Quod coram nobis officiali Redonensi personaliter constituti, Herveus filius Ivonis Salomonis,

Guiellmus et Ivo ejusdem Hervei fratres, Ivo filius Radulfi Salomonis et Ivo filius Petri dicti Perron, de Cruce Baz, confessi fuerunt quod se, jurisdictioni nostre Redonensi, scienter submictentes, quoad ea de quibus inferius sit mencio, acceperunt in feodagium perpetuum, a religiosis viris abbate et conventui beati Melanii Redonensis et priore prioratus ipsorum de Baza insula Leonensis dyocesis, duas partes omnium terrarum dictorum religiosorum et prioratus predicti sitarum inter domum et herbergamentum dicti Hervei ex una parte et Ruam Kabederi ex alia in parrochia altaris beati Petri et quamdam peciam terre, nuncupatam Campum Album, sitam in parrochia altaris Omnium Sanctorum inter terras domini episcopi Leonensis, ex utroque latere, prout dicte pecie et earum quelibet sedent et se entendunt in longo et lato cum eorum pertinenciis universis, habendas, tenendas et possidendas dictis Herveo et aliis superius nominatis et eorum heredibus res predictas, reddendo dictis religiosis et eorum successoribus in dicto prioratu de Baza, aut in villa Leonensi in occasione prioris dicti prioratus anno quolibet in quolibet festo beati Michaelis in Monte Gargano quadraginta quartados frumenti boni et competentis ad mensuram dicti prioratus, et in quolibet festo Nativitatis Domini in dicto prioratu triginta solidos annui et perpetui redditus et obediendo pro dictis religiosis et eorum priore dicti prioratus tanquam pro dominis feodalibus. Et tenentur dicti Herveus et alii superius nominati domos construere seu construi facere et edifficare quilibet ipsorum in peciis supradictis seu earum altera infra biannium, competentes pro quo redditu dictis religiosis et dicto priori, persolvendo quolibet anno, terminis supradictis et alteri eorumdem, dicti Herveus et alii superius nominati obligaverunt dictis religiosis et priori prioratus predicti, se, heredes suos, dictas pecias et omnia bona sua, mobilia et immobilia, presencia et futura. Et per hunc tradicionem non poterunt dicti superius nominati aliquis ipsorum nec eorum heredes de dictis terris aut in ipsis aliquid dare aut assignare per matrimonium nec alias cuiquam, de hominibus, tailliagiis, seu de taillia dicti domini Leonensis; ita eciam quod non poterunt in futurum res predictas vendere, alienare aut in forciorem personam transferre; non poterunt nisi homini ligio dictorum religiosorum qui minoris aut similis condictionis existat, sine assensu et voluntate dictorum religiosorum super hoc requisito et obtento; ad que premissa omnia et singula, tenenda, adimplenda et non veniendum contra, ipsos Herveum et alios prenominatos et eorum quemlibet, pro se et suis heredibus, presentes et consencientes et scientes, jurisdictioni nostre se submictentes, in his scriptis condempnamus. Datum teste sigillo curie Redonensis, die Lune ante festum beati Andree apostoli, anno Domini M° ccc° vicesimo tertio. G. Haiis.

XII

VANNES.

1218, juillet. — Echange entre l'abbaye de Saint-Melaine de Rennes et l'abbaye de Saint-Gildas de Rhuys.
(Cartulaire de Saint-Melaine, fol. 116 r°.)

Universis etc... G. [1] Dei gratia abbas et conventus sancti Melanii Redonensis et frater H. abbas et conventus sancti Gyldasii Ruiensis salutem in salutis auctore. Universitati vestre volumus, innotescat, nos, utriusque partis, assensu et voluntate super decem solidis annui redditus quos nobis debebant videlicet abbati et conventui sancti Melanii Redonensis abbas et conventus sancti Gyldasii Ruiensis inter nos unanimes in hunc modum composuisse; quod memorati abbas et conventus sancti Gyldasii Ruiensis

(1) Guillaume de Tinténiac, abbé de Saint-Melaine (1214-1230).

emerunt a Guiellmo Cosin, annuente filia sua, in feodo beati Melanii sextam partem molendini de Maunil, et totum jus quod dictus W. in predicto molendino possidebat. Nos vero, abbas et conventus sancti Melanii, pro predictis decem solidis hanc empcionem a dictis abbate et conventu sancti Gyldasii factam gratanter suscepimus ab solutione dictorum decem solidorum, ipsos scilicet abbatem et conventum sancti Gyldasii Ruiensis in perpetuum penitus absolventes, quos de ecclesia sancti Melanii de Reus annuatim nobis reddere tenebantur. Et ut istud firmum sit etc... Actum anno gratie Mcc decimo octavo, mense Julii.

Dessiné par Coussart ...

Avec Privilege du Roi

ALAIN-EMMANUEL DE COËTLOGON

Vice-Amiral et Maréchal de France

(1646-1730)

Un journaliste très moderne doublé d'un romancier de
talent écrivait, il y a quelques années : « Lisez les « mon-
» danités » et vous y verrez que la vieille aristocratie n'est
» pas aussi fatiguée qu'on veut bien le dire, que les arbres
» généalogiques ne sont pas desséchés, que les enfants sont
» nombreux dans les derniers hôtels du faubourg Saint-
» Germain, dans les châteaux de province, d'où les nou-
» veaux enrichis n'ont pas encore chassé M. de la Sei-
» glière... ».

Ce que constatait M. Clément Vautel, en 1922, se voyait
déjà deux cents ans plus tôt et c'est là un magnifique effet
de la force des traditions qui ont aidé les grandes familles
françaises à se perpétuer au cours des siècles.

La Bretagne est, maintenant comme jadis, au premier
rang des provinces qui, tout en conservant le culte du passé,
ont assuré leur avenir.

C'est ainsi que de l'union de Louis de Coëtlogon, vicomte
de Méjusseaume et de Louise Le Meneust de Bréquigny,
célébrée à Rennes, le 28 novembre 1613, naquirent neuf
enfants dont les uns s'illustrèrent dans diverses carrières et
dont les autres, bien qu'ayant suivi de plus modestes voies,
y furent néanmoins remarquables.

Les voici dans l'ordre de leur naissance :

I. — René de Coëtlogon, qui devint marquis de Coëtlogon
en épousant, en 1643, Philippe-Hélène de Coëtlogon, sa
parente éloignée, héritière, par extinction de la ligne
masculine aînée, du marquisat érigé par le roi Louis XIII,

en 1622, en faveur de son père René I⁰ʳ de Coëtlogon, époux de Gillette Ruellan fille, ainsi que la duchesse de Brissac du fameux Gilles Ruellan, seigneur du Rocher-Portail et baron du Tiercent.

Philippe-Hélène, dame du marquisat de Coëtlogon, est bien connue des habitants de Rennes sous le nom de la « Sainte aux petits pochons ». Morte le 14 décembre 1677 [1] et inhumée dans l'église des Carmes, son corps fut retrouvé intact en 1798, lors du percement d'une rue. Les Rennais attribuèrent cette conservation miraculeuse à la sainteté. Le corps transporté au cimetière du Nord fut, depuis cette époque, l'objet d'un pieux pèlerinage. Les malades atteints de fièvre prenaient un peu de terre sur la tombe, la mettaient sur eux renfermée dans de petits sacs d'étoffe ou *pochons* et rapportaient ceux-ci une fois guéris, les suspendant à la modeste croix qui avait été dressée sur la sépulture. Cette croyance existe encore, la croix de bois menaçant ruine fut remplacée, il y a quelques années, par une croix de granit don d'une reconnaissance anonyme, et de nouveaux petits « pochons » viennent succéder aux *ex-voto* plus anciens [2].

(1) Registres paroissiaux de Saint-Germain de Rennes, nᵒ 18, fol. 14 rᵒ.

(2) En 1922, je trouvai dans mon courrier une enveloppe mise à la poste à Saint-Servan-sur-Mer le 20 mars. Elle portait mon adresse exacte et la mention : « faire suivre ». Elle contenait un minuscule papier tout jauni sur lequel était écrit ceci : « Vers la fin de décembre 1798, nivôse an 7, en poursuivant la démo-
» lition de l'Eglise des Carmes on trouva une chasse de plomb qu'on ouvrit
» et qui renfermait le corps d'une femme qui avait encore toute sa fraicheur
» et qui avait plus tôt l'air d'une personne endormie que d'une morte ; tous
» les linges qui l'entouraient et sa coiffe étaient encore d'un assès beau blanc ;
» elle fut ouverte et ses entrailles avaient encore toute leur fraicheur. On
» trouva un papier sur lequel on lisait très facilement qu'elle s'appelait
» Ruellan et qu'elle était femme d'un Coëtlogon qui était gouverneur de
» Rennes ; elle était agée de 27 ans et morte depuis environ 130 ans... »
Je répondrai à mon correspondant aimable et anonyme (pourquoi ?) qu'il n'y a pas de doute possible sur l'identité de la « sainte ». La première marquise de Coëtlogon, Gillette Ruellan, était morte vers 1628; elle n'habitait pas Rennes dont son mari ne fut jamais gouverneur. Le papier trouvé dans le cercueil devait être en partie illisible, ce qui explique les erreurs faciles à rectifier : la défunte, née en 1610, était âgée, lorsqu'elle mourut, de 67 ans et non de 27 ; elle était *fille d'une Ruellan*, et non Ruellan elle-même ; son mari, René 2ᵉ de Coëtlogon-Méjusseaume, était gouverneur de Rennes ; lorsqu'on découvrit ses restes mortels, *inhumés aux Carmes le 14 décembre 1677*, il y avait *120* ans et non *130* qu'ils reposaient dans cet enfeu.

Le mari de Philippe-Hélène, marquis de Coëtlogon par sa femme, vicomte de Méjusseaume du côté paternel, fut lieutenant de roi pour la Haute-Bretagne, avec rang de lieutenant général, gouverneur de Rennes, conseiller d'État d'épée, etc... Il fut l'un des personnages les plus célèbres de son temps et se trouva mêlé à beaucoup d'événements considérables du règne de Louis XIV.

De son mariage avec l'héritière de la branche aînée de Coëtlogon, il eut : 1° Anne-Marie, mariée au marquis de Tournemine; 2° Louise-Philippe, sœur jumelle de René-Hyacinthe qui suit, dame d'honneur de la reine et mariée à Louis d'Oger, marquis de Cavoye, grand maréchal des logis de la maison du roi; 3° René-Hyacinthe, qui fut le troisième marquis de Coëtlogon et succéda à son père à la lieutenance de roi et au gouvernement de la ville de Rennes, et épousa Péronnelle-Angélique de la Villéon; 4° Louis-Marcel, évêque de Saint-Brieuc en 1680 et de Tournai en 1699.

II. — Sébastien de Coëtlogon-Méjusseaume, seigneur de la Saudraye et de Kerface, lieutenant de roi au gouvernement de Rennes, mort avant son frère aîné. Il avait épousé Michelle le Liepvre, qui lui avait donné trois fils :

1° N..., mort religieux.

2° Jacques-Florimond, vicomte de Coëtlogon, lieutenant de roi au gouvernement de Rennes; après avoir été page de la grande écurie du roi, puis mousquetaire, il entra dans la marine et fut tué à l'âge de trente-cinq ans, au siège de Carthagène, comme capitaine de vaisseau.

3° L'abbé de Coëtlogon, prieur de Locrenan.

III. — François de Coëtlogon-Méjusseaume, évêque de Quimper, comte de Cornouaille, en 1688. Il succéda sur ce siège à Mgr du Louët, dont il avait été coadjuteur. Il y mourut en 1706.

Il fut avec son neveu Louis-Marcel, évêque de Saint-Brieuc, au nombre des prélats qui, en 1699, condamnèrent les *Maximes des Saints* de Fénelon.

IV. — Guy de Coëtlogon-Méjusseaume, doyen des conseillers au Parlement de Bretagne, syndic général des Etats. Connu sous le nom de *Monsieur de Méjusseaume*, ce magistrat jouissait, de son temps, d'une grande réputation.

De son mariage avec Louise Gatechair, il avait eu :

1° Philippe-Guy, qui fut mousquetaire, guidon de la compagnie des gendarmes écossais, prit part avec distinction à plusieurs campagnes et devint ensuite procureur général syndic des Etats de Bretagne, puis conseiller au Parlement. Il avait épousé, le 17 mai 1694, sa nièce à la mode de Bretagne, Suzanne-Guyonne, fille aînée et héritière, par suite du décès de son unique frère René-Gabriel, du marquis René-Hyacinthe de Coëtlogon.

Par ce mariage, Philippe-Guy devint le quatrième marquis de Coëtlogon.

Leur fils aîné, César-Magdeleine, époux de Claude Le Borgne d'Avaugour, ayant perdu son fils unique, l'aînée de ses deux filles, Perrine-Marie-Catherine, apporta le marquisat de Coëtlogon et tous les biens de la branche aînée, en 1740, à son mari Gilles de Carné-Trécesson. La seconde épousa son cousin de Bahuno du Liscouët et leur descendance existe encore.

2° Charles-Elisabeth de Coëtlogon, seigneur de Romilly-sur-Seine, qui entra dans les ordres et reçut le diaconat. Il fit plus tard annuler ses vœux en cour de Rome, acheta la terre de Romilly et épousa Marie Vétéris, d'une famille noble de Venise, dont la postérité est actuellement représentée.

V. — Louis de Coëtlogon-Méjusseaume, vicomte de Loyat, dit le comte de Coëtlogon, châtelain de la Gaudinaye, etc..., fit, dans sa jeunesse, campagne en Italie. Il épousa Marguerite Auvril, dame de la Burlière, et en eut :

1° René-Charles-Elisabeth, dont le fils, Emmanuel-Louis, fut lieutenant général, grand-croix de Saint-Louis, et mourut sans descendance en 1791, dernier de la branche de Loyat.

2° Philippe-Louise, mariée à M. de Kérali, conseiller au Parlement.

VI. — Jean de Coëtlogon-Méjusseaume, prêtre, grand vicaire de Quimper, puis recteur de Crozon.

VII. — Alain-Emmanuel, vice-amiral et maréchal de France, objet du présent travail.

VIII. — Marie, religieuse à la Visitation de Saint-Melaine de Rennes.

IX. — Louise, religieuse au même couvent. Elle en devint la doyenne et y mourut en 1713, âgée de quatre-vingt-huit ans.

Louis de Coëtlogon, vicomte de Méjusseaume, père de ces neuf enfants, était conseiller du roi au Parlement de Bretagne.

Louise Le Meneust, sa femme, était fille de René Le Meneust, seigneur châtelain de Bréquigny, Brécé et autres lieux, conseiller du roi, président au Parlement de Bretagne et de Denise Marcel, fille de Claude Marcel, seigneur de Bouqueval, conseiller d'Etat, intendant et contrôleur des Finances sous Henri III, ancien échevin et prévôt des marchands de Paris, et de Marguerite Bourdesoul, dame d'honneur de la reine Catherine de Médicis.

Louis de Coëtlogon et Louise Le Meneust, tous deux mineurs et âgés de quinze ans environ, virent leur union réglée par contrat dressé par maîtres Pierre Courioles et Gilles de Racinoux, notaires royaux, et bénie en l'église Saint-Germain par Mgr Larchiver, évêque de Rennes, l'hôtel du président de Bréquigny se trouvant situé rue Saint-Georges, sur le territoire de cette paroisse.

Alain-*Emmanuel* de Coëtlogon de Méjusseaume naquit à Rennes, en l'hôtel familial de la rue Saint-Georges, et fut baptisé à l'église Saint-Germain le 4 décembre 1646, ayant pour parrain et marraine Alain de Coëtlogon, seigneur de Kervéguen, et Emmanuelle de Coëtlogon. Suivant une coutume assez régulièrement observée, jadis, l'enfant reçut les prénoms de ceux qui le tinrent sur les fonts baptismaux.

Les détails nous manquent sur les premières années du jeune Emmanuel, qui reçut certainement, à Rennes, les enseignements des meilleurs maîtres en même temps que les exemples d'une famille où les grands principes s'alliaient aux plus belles traditions.

Renan a pu dire que la noblesse provinciale et terrienne était la meilleure. Nous n'y contredirons pas, ajoutant seulement que l'éloignement de la Cour était la chose la plus à souhaiter à un jeune gentilhomme. Notre héros ne fut jamais un courtisan, ainsi qu'on le verra plus tard.

Les traditions de sa race et les exemples de son entourage le dirigèrent tout naturellement vers la carrière des armes. Incorporé dans une *Académie* militaire, il en sortit en 1668 avec le grade d'enseigne, dans le régiment Dauphin-Infanterie. Mais il ne passa que peu de temps dans l'armée de terre, puisque, dès 1670, nous le trouvons dans la marine royale en qualité d'enseigne des vaisseaux.

Au début du règne de Louis XIV, la France ne possédait pas de marine de guerre. Le grand Colbert en créa une. L'entreprise était formidable ! Il fallut, d'abord, établir des arsenaux puis construire des vaisseaux. L'institution de l'inscription maritime fournit les matelots et l'école des gardes-marine, de futurs officiers. A la mort du célèbre ministre il y avait cinq grands arsenaux : Dunkerque, Le Havre, Brest, Rochefort et Toulon. Il en sortit trois cents navires de guerre de tout rang !

Beaucoup d'officiers de l'armée, attirés par l'attrait des expéditions lointaines et par la perspective d'un avancement plus rapide, demandèrent à entrer dans le corps de la marine. Les Bretons, tout naturellement portés vers les choses de la mer, y vinrent nombreux.

Coëtlogon, caractère énergique et aventureux, entra, avec enthousiasme, dans cette belle carrière. Il n'attendit pas longtemps l'occasion de s'y distinguer. Le roi ne pouvait supporter longtemps les injures dont l'accablaient dans leurs gazettes les Hollandais. L'intervention de ce petit peuple turbulent dans la Guerre des Flandres jointe à la concurrence faite par sa marine marchande au commerce français fournirent facilement un prétexte à Louis XIV qui déclara la guerre aux Pays-Bas en 1672.

L'armée royale forte de cent mille hommes merveilleusement organisée par Louvois, commandée par de grands généraux tels que Turenne, Condé, Luxembourg et Chamilly, aidés de Vauban pour les fortifications, n'ayant devant elle qu'une armée de vingt-cinq mille soldats sous les ordres de Guillaume d'Orange, un jeune homme de vingt-deux ans, arriva aux portes d'Amsterdam très rapidement et presque sans coup férir.

Les frères de Witt durent solliciter la paix.

Louis XIV posa des conditions jugées inacceptables par eux. Une révolte s'ensuivit au cours de laquelle les frères de Witt furent massacrés. Guillaume d'Orange se fit décerner des pouvoirs dictatoriaux et élever à la dignité de Stathouder. Son premier acte fut d'arrêter l'invasion en déclanchant une inondation. Puis il forma contre la France la grande alliance de la Haye.

Pendant que Turenne arrêtait les impériaux, Luxembourg les Hollandais et que Louis XIV investissait Maëstricht, l'amiral Ruyter se trouvait aux prises avec la flotte de d'Estrées qui inaugurait, en 1672, le rôle de marine royale.

Coëtlogon devenu lieutenant à bord de l'*Invincible* [3], prit part, en 1672, avec Duquesne [4] et Tourville [5] à la bataille de South-Bay sur les côtes d'Angleterre et, en 1673, à trois

(3) Bibl. Nat. fr. 27282. Dossier 18131.

(4) Abraham Duquesne, né à Dieppe en 1612, mort en 1688, était protestant, ce qui empêcha Louis XIV, malgré la grande estime cu'il avait pour lui, de l'élever à l'amiralat. Il se contenta d'ériger en marquisat, sous le nom de Quesne, sa terre du Bourchet près d'Etampes.

(5) Anne-Hilarion de Cotentin comte de Tourville, né en 1642 à Paris, de la famille des seigneurs de Tourville près de Coutances, mort en 1701 ; il était chevalier de Malte et se fit, plus tard, relever de ses vœux, pour se marier.

combats livrés sur celles de Hollande et dans lesquels l'avantage resta aux Hollandais.

L'année suivante, la France se trouvant en guerre avec la Hollande, l'Angleterre, l'Espagne et l'Allemagne, au mois de juillet 1674, les amiraux Tromp et Ruyter résolurent d'occuper l'île de Belle-Isle, afin d'y établir une base susceptible d'aider efficacement à l'attaque des côtes de Bretagne.

Apprenant ces projets, le frère aîné d'Emmanuel de Coëtlogon, René de Coëtlogon-Méjusseaume, marquis de Coëtlogon, lieutenant de roi en Haute-Bretagne, qui avait l'évêché de Vannes avec ses côtes et ses îles dans le ressort de son commandement, partit de Rennes à la tête de deux cents gentilshommes et de six cents fantassins. Il se joignit avec ce renfort à la garnison de l'île.

Les Hollandais, commandés par le comte de Horn, réussirent à opérer le débarquement de leurs troupes, pendant que l'île était investie par une flotte importante composée de trente-deux vaisseaux de ligne, douze frégates, dix-huit brûlots et d'une cinquantaine de bâtiments et d'embarcations divers.

Le marquis de Coëtlogon fut assez heureux pour repousser cette attaque menée, cependant, par des effectifs bien supérieurs à ceux des Français. La flotte ennemie dut lever le siège, et mit à la voile le 2 juillet .

Le lieutenant de roi, voyant que les Hollandais déconfits ne songeaient plus à faire une nouvelle tentative, reprit le chemin de son gouvernement de Rennes. Tout le long de la route et surtout en arrivant près de Rennes, il reçut les ovations de la population et les hommages de la noblesse du pays qui l'escorta triomphalement jusqu'à son hôtel [6].

----

(6) L'hôtel de Coëtlogon de Méjusseaume, situé devant le numéro 4 actuel de la rue Saint-Georges, était à cette époque au bas de la place du Palais. Il présentait un corps de logis avec une aile au sud et une cour donnant sur la rue Vérale. Cet hôtel occupait l'emplacement de vignes vendues par les Cordeliers dans la deuxième moitié du XVIe siècle. (*Le Vieux Rennes*, par Paul BANÉAT, 1re édition.)

Quelques jours après, il reçut du roi Louis XIV la lettre dont voici le texte et qui peut être considérée comme un des plus beaux titres de la famille :

« Monsieur le Marquis de Coëtlogon,

» Jay été informé par mon Cousin le Duc de Chaunes [7] » de l'empressement avec lequel vous vous êtes jetté par » deux diverses fois dans Belle-Isle à la teste de tous les » Gentilshommes que vous avez pu ramasser pour tacher » de secourir cette place et bien que votre conduite ait été » en cela également sage et heureuse, soyez assuré que » dans un succès si favorable j'ay regardé principalement » votre zèle, et votre affection à mon service, et que je n'en » pouvois recevoir une preuve plus essentielle ni plus » agréable.

» Sur ce je prie Dieu qu'il vous ait, Monsieur le Marquis » de Coetlogon, en sa Sainte garde.

» Ecrit à Versailles le 21 jour de juillet 1674.

» Signé Louis et plus bas Arnaud.

» Et plus bas est écrit : A Monsieur le Marquis de Coet- » logon Gouverneur de ma ville de Rennes, et mon Lieu- » tenant ès quatre Eveschés de Rennes, Dol, St-Malo et » Vannes » [8].

En 1675, le 26 janvier, une commission de capitaine de vaisseau fut délivrée par le Roi au chevalier de Coëtlogon « sous l'autorité de son cher et bien amé fils comte de » Vermandois, Amiral de France ».

Placé sous les ordres de M. Duquesne, lieutenant général des armées navales, qui avait équipé une escadre à ses frais, le jeune capitaine de vaisseau, âgé seulement de vingt-neuf ans, prit part dès la même année à un combat livré près

---

(7) Gouverneur de Bretagne.

(8) Arch. du Marquisat de Coëtlogon, où plusieurs expéditions de cette lettre existent. Nous avons conservé son orthographe exacte, contrairement à ce que nous avons fait pour certains autres documents où il nous paraissait fastidieux de reproduire les singularités ou les fantaisies de l'époque.

de l'île de Lipari [9] à une escadre hollandaise qui fut défaite et prit la fuite à la faveur de la nuit.

Au mois de juillet 1675, le chevalier de Coëtlogon fut adjoint à Tourville, alors capitaine de vaisseau, qui le prit à son bord comme second. L'estime et l'amitié du comte de Tourville pour Coëtlogon n'avaient d'égaux que le dévouement et l'admiration de ce dernier pour son chef dont il aimait à se dire « le matelot » et auquel il resta fidèle dans la bonne comme dans la mauvaise fortune.

Les rapports de Tourville à Seignelay mentionnent souvent le nom de Coëtlogon, parce que toutes les missions délicates ou dangereuses lui étaient confiées comme au plus digne.

Voici entre autres une lettre du 21 juillet 1675 :

« Une barque qui va en France me donne occasion de vous
» assurer, Monsieur, de mes très humbles respects et de
» vous rendre compte de ce qui s'est passé dans un détache-
» ment de deux vaisseaux qui m'a été donné par M. de
» Vivonne [10] pour aller dans le golfe de Venise empêcher
» que quelques troupes allemandes ne passent du port de
» Trieste dans la Pouille. En entrant dans ce golfe j'appris
» qu'elles étaient déjà débarquées à Pessara et qu'une
» partie des navires qui les avaient portés étaient devant la
» ville de Barlette [11] appartenant aux espagnols. Nous
» crûmes Lhéry [12] et moi, qu'il était du service du Roi de
» les y aller insulter; en chemin faisant nous trouvâmes un
» navire qui se retira sous Brindisi, nous l'envoyames
» prendre par les chaloupes à la faveur de notre canon;
» ensuite faisant route du côté de Barlette, on aperçut à
» l'entrée de la nuit trois vaisseaux sous les forteresses de

(9) La principale des îles Lipari, archipel de la mer Tyrrhénienne, au nord de la Sicile.

(10) Louis-Victor de Rochechouart, duc de Vivonne, général des Galères et maréchal de France (1636-1688).

(11) En Italie, à 40 kilomètres N.-O. de Bari, sur l'Adriatique.

(12) Coustagnon de Léry, chevalier de Malte, chef d'escadre, tué le 24 mai 1684 au siège de Gênes.

» cette ville. Nous fumes mouillés le lendemain matin à
» une portée de mousquet de ces murailles, à cinq brasses
» d'eau, nous canonnames Lhery et moi cette place pen-
» dant deux heures. Dans ce temps je détachai quatre
» chaloupes commandées par le chevalier de *Cologon* (13)
» pour aller enlever ces vaisseaux amarrés sous les forte-
» resses qui faisaient un feu continuel de leur artillerie et
» de leur mousqueton qui ne l'empêcha pas d'aborder le
» plus gros vaisseau qui se trouva être de cinquante pièces
» de canon et vénitien, il ne fit aucune résistance; on sut du
» capitaine que les deux autres étaient espagnols ce qui fit
» résoudre *Cologon* d'aller à bord d'un de ces vaisseaux
» essuyant le feu de la ville et d'une galiotte armée dans
» le port. Après s'en être rendu maître il en coupa les
» amarres et nous vint rejoindre avec le vaisseau, il
» retourna ensuite au vénitien pour le faire mettre à la voile;
» ce second voyage ne fut pas moins périlleux que le
» premier par la quantité de monde qui s'étaient jetés dans
» l'autre navire espagnol qui incomoda extrêmement nos
» chaloupes.
» Il ne fut pas longtemps à s'en venger puisque nous
» convinmes qu'il retournerait la nuit le bruler quoiqu'il
» fut défendu de tous cotés de la ville et par seize pièces de
» canon et vingt pierriers qu'il avait, son équipage s'étonna
» de la résolution avec laquelle on y allait et sauta à la mer
» lorsqu'il vit qu'on l'abordait... ».

Dans une autre lettre de Tourville à Seignelay, datée du
19 août 1675, nous voyons, à la prise d'Agosta (14), Coëtlogon
détaché « avec quelques mousquetaires bien qu'ayant peu
» de connaissance du métier de la terre et allant s'attacher
» à la première barrière qu'il fit couper à coups de haches
» malgré une grêle de boulets de canon et de pierres et
» quelques coups de mousquet ». Ce que voyant et craignant

(13) En Bretagne, on prononçait alors ainsi le nom de Coëtlogon.
(14) Agosta, en Sicile, côte Est, à 15 kilomètres au nord de Syracuse.

qu'il n'y succombât, Tourville s'embarqua dans une chaloupe avec tous les soldats qu'il put y mettre et vola à son secours !

« Je le trouvais », écrit-il, « à la seconde barrière. Ils
» (les ennemis) mirent pavillon blanc et comme nous étions
» à la porte pour parler ils tirèrent à nouveau à coups de
» mousquet et à coups de pierres sur nous; ils nous firent
» une seconde bandière blanche et nous manquèrent une
» seconde fois de parole; ils ne se rendirent que lorsque
» j'allais faire brûler la porte; le gouverneur vint en bas et
» demanda à capituler, ce que je fis dans les formes...

» Je prends la liberté de vous dire au vrai ce qu'il en est
» parce que je suis persuadé que vous en ferez ma cour au
» Roi et que vous n'oublierez pas de faire celle de Coëtlogon
» qui a bonne part à tout et à qui je donne quelquefois de
» rudes corvées...

Cette fois-là la « rude corvée » consistait exactement à enlever la tour d'Avalos, un des ouvrages défensifs les plus avancés de la ville d'Agosta. Coëtlogon, qui fut criblé de blessures, fit preuve d'un prodigieux courage. La prise de la tour d'Avalos entraîna la capitulation de la ville.

Ce haut fait, à lui seul, aurait suffi à immortaliser celui qui l'avait accompli.

Deux mois après cette brillante affaire, le 30 octobre 1675, Tourville fut nommé chef d'escadre.

En 1679, le comte de Tourville partait sur le *Sans-Pareil*, accompagné de l'*Arc-en-Ciel* commandé par le chevalier de Coëtlogon, du *Conquérant* monté par M. de Montreuil et du *Content* commandé par M. d'Amfreville [15].

L'escadre, après être passée par Cagliari, Tripoli et Lisbonne, arriva dans le golfe de Gascogne et y subit une effroyable tempête qui causa la perte du *Sans-Pareil* et du

(15) Le marquis d'Amfreville, né à Honfleur, mort lieutenant-général des armées navales, en 1692.

Conquérant. Voici, à titre de curiosité, la lettre par laquelle Tourville rendit compte, au ministre, de cette catastrophe :

« Belle-Isle le 24 Octobre 1679.

» Monseigneur,

» Je suis dans une si grande affliction que je laisserais à » un autre le soin de vous informer de la perte du vaisseau » *Sans-Pareil* si je ne croyais absolument nécessaire que » vous l'appreniez de moi-même.

» Elle est arrivée à cent lieues de Belle-Isle par le démâte- » ment de tous ses mâts. Le beaupré démâta le vingt et un » de ce mois et attira comme il arrive ordinairement le mât » de misaine. Ce désordre fit ouvrir le devant du navire et » faisait faire beaucoup d'eau.

» Le soin que je prenais à faire pomper incessamment et » à faire tout ce qui se peut en pareille occasion me donnait » espérance de me pouvoir sauver, mais la chute du grand » mât qui arriva le lendemain au matin fit une si grande » ouverture que l'eau monta de dix pieds en moins de trois » heures, ce qui fit abandonner le travail aux matelots qui » se noyaient dans les fonds de cale.

» Croyant qu'il n'y avait plus d'espoir de sauver le vais- » seau, je me mis en devoir de sauver l'équipage. Je fis » embarquer quatre-vingts hommes dans mon canot et ma » chaloupe et conviai plusieurs officiers de s'embarquer. » Mais ils trouvaient la mer si grande qu'ils crurent devoir » remettre à une autre occasion de se sauver.

» Tout ce monde, à quelques gens près, arriva heureuse- » ment à l'*Arc-en-Ciel*, mais leur infidélité et leur ingra- » titude fut si grande que, se voyant sauvés, ils laissèrent » aller la chaloupe et le canot à la dérive, craignant d'être » obligés de faire un second voyage. Cette chaloupe était » le seul espoir qui me restait; le temps était si mauvais que » le chevalier de Coëtlogon ne me pouvait approcher et

» aurait dématé s'il avait entrepris de mettre sa chaloupe à
» la mer.

» Enfin voyant qu'il ne pouvait nous rendre aucun
» secours, il hasarda son canot avec six hommes qu'il fit
» embarquer à force de menaces et de prières, mais beau-
» coup plus par la force de l'argent qu'il leur promit. Un
» officier les accompagna et vint se mettre à une portée de
» fusil derrière la poupe du *Sans-Pareil.*

» Voyant que c'était la seule ressource que je pouvais
» espérer, je sollicitai tous les officiers de s'en servir et de
» se jeter à la mer pour gagner le canot comme j'allais
» essayer de le faire.

» La vue d'une mer haute comme le navire leur parut une
» voie de se sauver aussi périlleuse que celle d'attendre
» qu'ils coulassent à fond, de manière que je fus seul à
» prendre ce parti qui fut funeste à quelques gardes-marine
» et à quantité de matelots qui voulurent me suivre. Plus
» de vingt se noyèrent, quatre seulement purent parvenir
» d'aller jusqu'à moi. Ce ne fut pas le seul danger que je
» courus, car auparavant d'arriver à l'*Arc-en-Ciel* les coups
» de mer pensèrent abimer vingt fois le canot qui n'arriva
» à bord qu'entre deux eaux. Je fus obligé avec quelques
» matelots de nous serrer, faisant le dos de tortue pour
» rompre les coups de mer.

» Je vis encore ce pauvre navire depuis une heure jusqu'à
» la nuit coulant insensiblement à fond avec le mortel
» déplaisir de ne lui pouvoir donner aucune aide. Apparam-
» ment il périt à l'entrée de la nuit, n'ayant point répondu
» aux signaux qui lui étaient faits de l'*Arc-en-Ciel.* Il ne
» parut plus le lendemain... ».

A cette époque, peut-être à la suite de ce terrifiant nau-
frage, Emmanuel de Coëtlogon subit une crise spirituelle.

Il appartenait à un milieu essentiellement religieux. L'un
de ses frères était évêque de Quimper, un autre prêtre, deux

de ses sœurs étaient au couvent. Il se sentit lui-même attiré vers le sanctuaire... Abandonnant la vie d'aventures, il étudia la théologie dans l'intention d'embrasser l'état ecclésiastique. Cette circonstance a été ignorée de tous les biographes et même des arrière-neveux de l'illustre marin.

Un document de petit format découvert dans nos archives familiales nous a révélé ce détail curieux. Rédigé en latin sur papier timbré, scellé des armes de Jean-Baptiste de Beaumanoir de Lavardin, évêque de Rennes, il est daté du 23 septembre 1680. C'est l'autorisation donnée par l'évêque à son bien-aimé « dans le Christ, le noble Alain-Emmanuel » *de Couëtlogon*, fils naturel et légitime de Louis de *Couët* » *logon*, chevalier, seigneur de Méjusseaume et de Lagau » dinaye, etc..., et de demoiselle Louise Lemeneust », de recevoir la tonsure de « n'importe quel illustrissime et » révérendissime Evêque régulièrement et canoniquement » institué, non frappé de suspens ».

Coëtlogon ne persista pas dans cette voie. Sans doute ne put-il résister à l'appel de la mer et de ses dangers !

Si la crise se dénoua d'une façon imprévue, le caractère de cet enfant de la mystique Bretagne en conserva une forte empreinte. Sa vie entière fut marquée d'austérité; elle fut toujours étrangère à l'existence légère et dissipée de la Cour; consacrant ses loisirs à ses neveux et petits-neveux. Coëtlogon vécut dans un célibat quasi monastique.

Il existe de notre héros une gravure d'Hubert, d'après un dessin par Graincourt, de 1780. Ce dernier semble être la reproduction d'un portrait à l'huile existant au musée de Versailles. La gravure, d'une belle venue et qui a dû être assez répandue, d'après le nombre relativement élevé d'exemplaires qui existent encore, a vulgarisé les traits du grand homme de mer. On les dirait taillés dans le dur granit breton ! Le portrait lui-même date des dernières années du chevalier de Coëtlogon qui dépassèrent le chiffre de quatre-vingts. Rien n'y révèle cependant la moindre déchéance, la moindre diminution de la froide et farouche énergie qui fut le caractère dominant de cette majestueuse figure.

Si le masque était de granit, la stature était d'un chêne, à en juger par un autre portrait de l'époque qu'il nous a été donné de contempler, il y a quelques années, dans un salon particulier. Emmanuel de Coëtlogon y est représenté en pied, revêtu d'une cuirasse complète, ceint d'une écharpe blanche, le bâton de commandement à la main ; il est d'une taille élevée, très au-dessus de la moyenne comme l'étaient du reste trois de ses frères, le marquis de Coëtlogon, lieutenant de roi en Haute-Bretagne, l'évêque de Quimper et le vicomte de Loyat dont les portraits existent, ainsi que celui de leur mère, Louise Le Meneust, et nous révèlent les magnifiques qualités physiques de cette famille qui n'était pas moins douée quant à celles de l'esprit.

La figure et la prestance de Coëtlogon présentent un contraste frappant avec son inséparable chef et ami le comte de Tourville, à en croire ce qu'écrivait au duc de la Rochefoucauld M. d'Hocquincourt auquel Tourville avait été recommandé en 1661, à ses débuts dans la marine : « Que » ferons-nous, sur des vaisseaux armés en course, d'un » Adonis plus propre à servir les dames de la Cour qu'à » supporter les fatigues de la mer ? » Tourville avec ses traits fins, ses cheveux blonds, son apparence efféminée avait plus l'air d'un damoiseau que d'un loup de mer. Et cependant chez ces deux hommes d'aspect si différent, Tourville et Coëtlogon, le courage et l'énergie étaient semblables.

Le duc de Saint-Simon qui ne fut pas toujours juste pour ses contemporains, a porté cependant sur Coëtlogon un jugement qui concorde assez exactement avec les traditions de famille et les appréciations de plusieurs biographes. C'est par un parallèle entre Coëtlogon et Château-Renault qu'il nous a transmis, dans ses fameux mémoires, le portrait moral de l'illustre Breton.

« Chateau-Renauld », dit-il, « mourut à plus de quatre
» vingts ans. C'était un fort homme d'honneur, très brave,
» très bon homme et très grand et très heureux homme de
» mer, où il avait fait de belles actions, que le malheur
» même de Vigo ne put ternir... ».

Quant à Coëtlogon « c'était aussi bien que le Maréchal
» de Chateau-Renauld, un des plus braves et meilleurs
» hommes de mer qu'il y eut. Sa douceur, sa justice, sa
» probité et sa vertu ne furent pas moindres. Il avait acquis
» l'affection et l'estime de toute la marine et plusieurs
» actions brillantes lui avaient fait beaucoup de réputation
» chez l'étranger. Il avait du sens avec un esprit médiocre,
» mais fort suivi et appliqué... ».

Louis XIV, ce grand roi, qui s'appliqua à incarner magnifiquement la France, avait su s'entourer d'une pléiade d'hommes éminents. Les lettres, les arts, les sciences furent illustrés par les représentants les plus qualifiés; les grands généraux furent nombreux et les grands marins abondèrent au cours du xviie siècle. C'est, peut-être, à cette abondance d'hommes célèbres qu est due l'exaltation extrême de quelques-uns et l'oubli presque complet où sont tombés certains autres.

La légende arrive, parfois, à fausser la vérité historique; c'est ainsi qu'un grand homme de mer, dont nous ne cherchons aucunement à diminuer la gloire, a, pour ainsi dire, monopolisé l'admiration populaire. Jean Bart n'était nullement fils de pêcheur, comme on l'a prétendu. Il n'était pas noble mais de bonne bourgeoisie dunkerquoise. Ses ancêtres, tant paternels que maternels, étaient corsaires et se couvrirent de gloire en combattant les Anglais. L'imagination populaire se plaît à faire de ce héros le fils de ses œuvres et ce n'est pas tout à fait exact, de même qu'elle voit en lui principalement un corsaire, combattant presque toujours en dehors des formations régulières, ce qui est plus conforme à la vérité, bien que Louis XIV ait conféré à Jean Bart des grades officiels et l'ait placé sous les ordres de Tourville avec lequel il fit, en 1691, la campagne de la Manche, commandant l'*Entendu*, vaisseau de quatre cents hommes d'équipage et de soixante-dix pièces de canon.

Coëtlogon fit aussi, plus tard, la guerre de course, lui aussi se couvrit de gloire et eut à son actif de nombreuses actions d'éclat, mais ce ne fut jamais un personnage légendaire. Les manuels scolaires ne prononcent pas son nom sur lequel l'oubli s'est fait peu à peu, bien que ce nom fût, en Bretagne, illustre entre tous.

Les grands rois sont, ordinairement, moins ingrats que l'opinion publique et savent récompenser avec magnificence les serviteurs du pays. Louis XIV d'abord, Louis XV ensuite, décernèrent à Coëtlogon les grades et les honneurs les plus élevés.

Contrairement à l'actuelle parcimonie démocratique, les honneurs, jadis, n'étaient pas stériles et s'accompagnaient, comme maintenant encore en Angleterre, de dotations, de pensions, en un mot d'avantages matériels. La gloire est une belle chose, mais elle n'est pas substantielle. C'est l'honneur des gouvernements monarchiques de l'avoir compris et d'étendre, par surcroît, aux descendants des grands hommes, des distinctions perpétuellement transmissibles.

Jean Bart était sans fortune, le roi y pourvut, mais il lui donna aussi des lettres de noblesse, le 4 août 1694 :

« Comme il n'y a pas », spécifie ce document, « de moyen » plus assuré pour entretenir l'émulation dans le cœur des » officiers qui sont employés à notre service et pour les » exciter à faire des actions éclatantes, que de récompenser » ceux qui se sont signalés dans les commandements que » nous leur avons confiés et de les distinguer par des » marques glorieuses *qui puissent passer jusqu'à la posté-* » *rité*, nous avons, par ces considérations, accordé des

» lettres de noblesse à ceux de nos officiers qui se sont
» rendus les plus recommandables. Mais, de tous les
» officiers qui ont mérité cet honneur, nous n'en trouvons
» point qui s'en soit rendu plus digne que notre cher et bien
» aimé le sieur Jean Bart, chevalier de notre ordre militaire
» de Saint-Louis, capitaine de marine, commandant actuel-
» lement une escadre de vaisseaux de guerre, tant par
» l'ancienneté de ses services que par la qualité de ses
» actions et de ses blessures... ».

En outre, ces lettres donnaient à Jean Bart comme
armoiries : « d'argent à la barre d'azur chargée d'une fleur
» de lys d'or, au chef, deux ancres de sable en sautoir et
» en pointe un lion de gueules casqué, marchant à droite,
» surmonté d'une main tenant un sabre nu ».

Le Roi de France n'avait pas à anoblir Coëtlogon qui
appartenait à une des premières familles bretonnes issue
des anciens ducs et rois de cette province et portant comme
armes, sur un champ de gueules, l'écusson de Bretagne
trois fois répété. Il le combla, par la suite, des plus hautes
dignités qui puissent honorer le mérite en même temps que
la naissance.

Emmanuel de Coëtlogon contribua à tel point à honorer
la marine de guerre que l'on pourrait, en écrivant son
histoire, faire celle de la gloire maritime du siècle de
Louis XIV.

Un tel développement nous entraînerait hors des limites
de ce modeste travail, car il faudrait entreprendre, concur-
remment à celle de notre personnage, les biographies de
tous les grands marins de l'époque qui poursuivirent, en
même temps que lui, sur tous les océans du monde, les
ennemis de la France.

Des auteurs plus qualifiés ont exalté les hauts faits des
d'Estrées, des Duguay-Trouin, des Gabaret, des Villette,
des Forbin, Relingue, la Porte, Pannetier et tant d'autres.
Notre but est seulement, à la veille du deuxième centenaire

de sa mort, de rendre hommage au grand Breton trop ignoré, trop délaissé, trop inconnu, pour mieux dire, de ses compatriotes.

Nous le retrouvons en 1687, grâce à une nouvelle lettre de Tourville à Seignelay, datée du 28 août de cette année. Il s'agit d'un combat livré « à la hauteur des Malgues » à des vaisseaux algériens, de concert avec trois vaisseaux hollandais et avec l'aide de M. de Château-Renault et du chevalier de Coëtlogon.

L'affaire fut rude, un des vaisseaux algériens se défendit jusqu'à la dernière extrémité. Coëtlogon, dont le navire avait été démâté par les boulets ennemis, dut aborder l'algérien, l'épée à la main, et finit par le couler.

A la suite de cet exploit, Coëtlogon dut désarmer son navire trop éprouvé et Tourville demanda pour son second un nouveau vaisseau, le *Diamant*.

Après avoir pris part au bombardement d'Alger dirigé par le comte d'Estrées et s'être distingué au combat de Bantry-Bay, qui eut lieu le 11 mai 1689, Coëtlogon fut promu au rang de chef d'escadre, le 1ᵉʳ novembre 1689, promotion à la tête de laquelle était le comte de Tourville élevé à la dignité de vice-amiral du Levant.

La bataille du cap Bévéziers (Beachy-Head pour les Anglais), en vue de l'île de Wight, donna l'occasion à Tourville de faire au ministre un rapport très élogieux sur la conduite de Coëtlogon à bord du *Saint-Philippe*.

Après cette bataille, Tourville, on ne sait pourquoi, revint à Brest sans avoir complété sa victoire et sans avoir, selon le désir de Louis XIV et de Seignelay, tenté de détruire deux cents bâtiments marchands et une dizaine de vaisseaux de guerre réfugiés dans le port de Plymouth. Cette faute lui valut une lettre excessivement dure de Seignelay, datée du 23 août 1690, et lui donnant l'ordre formel de reprendre la mer, sous peine d'avoir à remettre son commandement au comte d'Estrées. Il s'agissait de tenir en respect les forces navales ennemies et de permettre ainsi le retour de l'expédition d'Irlande, première tentative manquée du rétablissement de Jacques II sur le trône d'Angleterre.

Malgré le grave dissentiment survenu entre Seignelay et Tourville, ce dernier fut maintenu en 1671 au commandement de la flotte de l'Océan. Il quitta Brest au mois de juin de cette année, à la tête de soixante-sept vaisseaux de guerre et fit la fameuse campagne du Large qui passe, à juste titre, pour un chef-d'œuvre. La flotte ennemie forte de quatre-vingt-sept vaisseaux et commandée par Russell fut savamment manœuvrée par Tourville, sans jamais pendant cinquante jours avoir pu saisir une occasion de livrer bataille aux Français, l'Anglais fut réduit à se retirer sur les côtes d'Irlande où il fut assailli par une violente tempête qui désorganisa sa flotte et empêcha malheureusement Tourville d'attaquer.

C'est avant cette remarquable campagne que Coëtlogon écrivit la seule lettre autographe qui existe à l'heure actuelle en dehors des archives publiques et dont voici le texte :

« Après, monsieur, vous avoir assuré de la joye que j'ay
» que vous donniez une partie de vos soins à nostre marine
» qui assurément en recevra un advantage considérable et
» que nous puissions espérer de vous voir souvent dans
» nos ports, je vous diray que nous n'avons rien plus a
» soueter que le prond deppart et le prompt retour des
» batiments destinés pour l'irlande; nos brulots en estant
» et plus de trois mille officiers mariniers et matelots des
» meilleurs qui en font l'armement, c'est un grand préjudice
» au service du roy et à l'armemen général que ce convoy
» ait été retardé par les vents contraires qui ont soufflé
» depuis si longtemps car je n'en regarde le retour que
» dans les derniers jours de juin que notr'armée devrait
» estre en mer.
» Il me semble qu'il conviendrait d'envoyer les bâtiments

» à mesure qu'ils seront chargés sous l'escorte d'un bon
» vesseau de guerre qui en escorteroit sinc ou six à la fois
» et qui s'en reviendroit des qu'il les auroit mis à l'entrée
» du port de limeric [16], et sous les soins de quelque bon
» commissaire de terre ou de mer qui les feroit descharger
» en diligence et avec ordre. Cette manière est la plus
» prompte et je ne crois pas qu'il y eut de risque dans cette
» saison qui est encore trop rude pour croire que les
» ennemis ayent des vesseaux a croiser sur cette coste qui
» peut être dans un mois n'en seroit pas exempte; dans ce
» temps il seroit à propos de prendre d'autres précautions;
» ce seroit un grand bien si vous pouviez vous passer de
» nos brulots et nous les renvoyer de la rivière de Nantes
» ou je les crois arrivés.

» C'est un bonheur que cette affaire soit entre vos mains:
» nous devons tout espérer de vostre vigilence et de vostre
» bon esprit, quand à moy monsieur je soueterais fort avoir
» quelque part a l'amitié et a l'estime d'une personne de
» vostre mérite et qui a un' approbation aussi generale je
» rechercheray avec empressement les occasions de vous
» marquer combien je vous honore et combien je suis véri-
» tablement monsieur vostre très humble et tres obéissant
» serviteur.

» Le Ch^{lier} DE COËTLOGON
» à brest le 26 mars 1691. »

A cette lettre véritablement intéressante manque la
suscription, mais son contenu montre, assez clairement, à
notre avis, qu'elle était destinée au vice-amiral de Tourville
au moment où, maintenu au commandement de la flotte de
l'Océan, il se disposait à venir à Brest pour entreprendre
sa fameuse *campagne du large* [17].

(16) Limerick, sur le Shannon, en Irlande, place de guerre importante au
XVIIe siècle, assiégée en 1690 par Guillaume III et prise par lui en 1691.

(17) La lettre du chevalier de Coëtlogon a longtemps couru les boutiques des
marchands d'autographes à Paris ; elle est heureusement revenue dans nos
archives de famille reprendre la place qui lui appartenait.

Les victoires de Bantry-Bay et de Bévéziers avaient fait Louis XIV maître de la mer. Il en profita pour tenter de nouveau de débarquer en Angleterre une armée de vingt mille hommes sous le commandement de Jacques II. Le point choisi pour l'embarquement de cette armée se trouvait entre Cherbourg et la petite rade de la Hogue.

Ordre avait été donné à d'Estrées, à la tête de l'escadre de la Méditerranée, de venir se joindre à celle de la Manche forte de cinquante unités que commandait Tourville. Les vents contraires, dit-on, retardèrent d'Estrées; d'aucuns prétendent qu'il ne fit pas toute diligence. En tout cas, il ne rejoignit pas le comte de Tourville avant son départ de Brest dont la date devait être conforme aux ordres reçus !

Le 27 mai 1692, les Français se trouvèrent en présence de la flotte ennemie entre la Hogue et Barfleur. Tourville fit le signal d'ordre de bataille sans avoir pu apprécier, par la faute de la brume, le nombre des bâtiments ennemis. Les Anglais et les Hollandais qui avaient appris, par leurs éclaireurs, que l'escadre de la Manche réduite à ses seules forces ne comptait qu'une cinquantaine d'unités, avaient profité de cette connaissance pour mettre à la mer tout ce dont ils pouvaient disposer, c'est-à-dire quatre-vingt-huit vaisseaux.

Tourville, le brouillard s'étant dissipé, fut surpris de se trouver en présence d'une flotte presque deux fois plus forte que la sienne. Malgré l'avis contraire de tous ses chefs d'escadre, il attaqua craignant s'il eut battu en retraite d'essuyer un désastre complet et n'osant pas d'autre part, contrevenir aux ordres écrits donnés par le Roi d'attaquer coûte que coûte !

Tourville commandait l'escadre blanche, forte de seize vaisseaux, formant corps de bataille; le marquis d'Amfreville dirigeait l'escadre blanche et bleue, de quatorze vaisseaux,

<hr>

(18) Jean Gabaret, lieutenant général des armées navales, fils de Mathurin Gabaret, également lieutenant général du temps de Richelieu, mourut en 1697.

constituant l'avant-garde; Gabaret [18] était à la tête des quatorze vaisseaux de l'escadre bleue formant l'arrière-garde dont la première division était sous les ordres du chevalier de Coëtlogon montant le *Magnifique*.

Le corps de bataille ennemi, escadre rouge, était commandé par l'amiral Russell; l'avant-garde composée entièrement de bâtiments hollandais était dirigée par l'amiral Almonde et l'arrière-garde, escadre bleue, par un autre amiral anglais, Ashby, ayant sous ses ordres les amiraux Rooke et Carter [19], et Showel.

Le combat fut acharné et terrible et dura douze heures; commencé à dix heures du matin, il durait encore à la nuit tombée. Du côté français on comptait 20.000 combattants et 3.186 canons; du côté anglo-hollandais 40.000 hommes et 6.287 canons. Quand on considère ces effectifs se battant sous le feu de près de dix mille pièces de canon on se figure ce que fut cette immense bataille navale sans exemple dans le passé et dans l'avenir !

La flotte ennemie fut stupéfaite de se voir attaquée par des forces si inférieures, tellement que les Hollandais, au premier instant se crurent abandonnés des Anglais auxquels ils laissèrent supporter le poids de la première attaque de l'armée navale de France.

Le *Soleil-Royal* vaisseau battant pavillon du vice-amiral de Tourville fut attaqué par huit navires ennemis aidés de brûlots.

Coëtlogon, de son côté, était aux prises avec Showel [20], homme de grande réputation et le combattit pendant près de deux heures. Mais voyant le *Soleil-Royal* dangereusement menacé par les ennemis et persuadé « que sa perte serait le gain infaillible du combat », le brave Coëtlogon quitta spontanément l'arrière-garde pour venir au secours de son chef. Un ouvrage bien connu des historiens de

(19) Tué au cours du combat.
(20) *Mémoires du Marquis de Villette* et *Journal de campagne de Dumanoir* (1692) (Arch. Nat., C 7, Marine 7 O).

l'ancienne marine, *La Théorie des Evolutions navales*, publiée en 1697 par le père Hoste, donne la relation détaillée des manœuvres habiles de Tourville; puis l'auteur, qui avait assisté au combat, ajoute : « Une juste reconnais-
» sance m'oblige de ne pas oublier le chevalier de Coët-
» logon, chef d'escadre, qui, par une valeur incomparable,
» vint partager la gloire de cette action. Il était contre-
» amiral bleu et son poste naturel l'avait mis hors de la
» portée des ennemis; mais voyant l'Amiral de France au
» milieu des Anglais où on le croyait perdu, il obtint la
» permission de quitter son poste, et s'étant fait jour à
» travers les ennemis qui entouraient son général, il vint
» mouiller près de lui, pour le sauver (disait-il à ses
» officiers), ou pour périr avec lui » [21].

A dix heures du soir, la bataille se terminait à décision incertaine, tant avait été opiniâtre la défense du comte de Tourville. Les Anglo-Hollandais perdaient deux navires, les Français pas un seul ! Si l'on tient compte de ce que ceux-ci combattaient un contre deux la bataille de la Hogue était une victoire française et si la flotte de Tourville avait eu des ports où se réfugier elle eût évité le désastre qui suivit. Désemparée à la suite de ce combat acharné, l'armée navale française se dispersa le long des côtes normande et bretonne.

Poursuivis par l'amiral anglais, les 30 et 31 mai, treize navires qui avaient jeté l'ancre près du littoral furent surpris et incendiés. Le 3 juin, sept autres subirent le même triste sort [22].

Jacques II et le maréchal de Bellefonds n'avaient pris aucune disposition pour défendre ces malheureux navires,

---

(21) Hoste, *Traité des évolutions navales*, Lyon, 1697, p. 381, cité par Delarbre, *Tourville et la Marine de son temps*, Paris, 1889, in-8°, p. 227.

(22) On a retrouvé au mois de janvier 1927, en creusant la première darse du port de Cherbourg, l'étrave du *Triomphant* qui s'était réfugié devant Cherbourg avec le *Sans-Pareil* et le *Soleil-Royal*. Le *Triomphant*, vaisseau de 36 canons et de 650 hommes d'équipage, fut un de ceux qui furent attaqués et coulés par les Anglais après la bataille de la Hogue.

malgré les 20.000 hommes et l'artillerie composant le corps de débarquement et les 200 chaloupes destinées à transporter ces troupes en Angleterre, qu'ils avaient à leur disposition ! Tous deux restèrent, dit-on, simples spectateurs du drame ! Une seule chaloupe anglaise remorquant un brûlot suffit à incendier ces dix-neuf vaisseaux sous l'œil indifférent de l'ex-roi d'Angleterre et du maréchal ! [23].

Edward Russell, comte d'Oxford, était gentilhomme de la Chambre du duc d'York lorsque son cousin William Russell fut décapité. Il quitta la Cour en même temps que ses fonctions et devint un adversaire acharné de Jacques II. Nommé par le nouveau roi d'Angleterre au commandement d'une flotte, il eut l'honneur d'être l'adversaire heureux de Tourville.

En 1693, Louis XIV mit toute son activité à réparer les suites malheureuses de cette grande bataille et concentra dans la rade de Brest toutes les forces maritimes placées sous le commandement de Tourville qui avait été élevé à la dignité de maréchal de France, le 27 mars 1693.

C'est de Brest que ce dernier, ayant appris qu'une flotte anglaise de deux cents voiles, partie de Spithead, se dirigeait sur Cadix, escortée de nombreux navires de guerre, prit la mer et, cachant son départ aux ennemis, réussit à doubler le cap Saint-Vincent au Portugal et vint mouiller à Lagos, le 4 juin.

Le 28, la flotte étant signalée, Tourville l'entoura d'un demi-cercle fermé par la côte. Quelques bâtiments de guerre et de commerce s'échappèrent. Le reste fut pris, coulé ou brûlé. L'ennemi perdit quatre-vingt-sept navires et des marchandises pour plus de trente millions de cette époque !

Le 6 juillet, M. de Tourville détacha de l'armée navale le chevalier de Coëtlogon chargé de poursuivre une partie des vaisseaux qui s'étaient échappés au début de l'affaire [24].

(23) Voir correspondance échangée entre Pontchartrain et Foucault, intendant de Caen.
(24) Journal de Dangeau.

Le chef d'escadre, à la tête de douze vaisseaux, de deux galiotes à bombes et de deux brûlots, prit la direction de Gibraltar. Cinq vaisseaux hollandais s'étaient réfugiés sous les forts de la ville qui tirèrent sur les français. Coëtlogon riposta en faisant lancer quelques bombes sur la ville pendant qu'il faisait incendier deux navires de guerre par ses chaloupes et s'empara des trois autres qui étaient de commerce [25].

Au cours de la guerre déchaînée par la Ligue d'Augsbourg, les Anglais avaient eu particulièrement à souffrir des corsaires armés par les armateurs malouins. Ils résolurent de détruire la ville de Saint-Malo au moyen d'une machine infernale constituée par un navire de grande taille rempli de poudre.

Le 26 novembre 1693, les habitants de Saint-Malo se virent investis par une flotte de dix vaisseaux de ligne et de cinq galiotes. Ils prirent d'abord cette flotte pour une escadre française attendue au Havre. Ils ne tardèrent pas à découvrir leur erreur et à prendre les armes pour se défendre. Pendant qu'on dépêchait un courrier au duc de Chaulnes, gouverneur de Bretagne et qu'on faisait sortir de la ville les femmes et les enfants, les Anglais commençaient le bombardement. Le duc de Chaulnes accompagné de Château-Renault, de Coëtlogon, de Bienassis et de Saint-Maur, arriva le 28 et prit, d'accord avec ceux-ci, toutes dispositions. A huit heures, au moment de la pleine mer, la machine infernale se dirigea à toutes voiles vers Saint-Malo, mais elle échoua sur un rocher. Celui qui y mit le feu, ayant mal calculé la durée de la mèche, fut victime, avec quarante hommes, de son explosion prématurée. Celle-ci fut effroyable; la ville en fut ébranlée et quelques maisons furent détruites. Là se bornèrent heureusement les dégâts pure-

(25) Généalogie dressée sur les titres de la Maison de Coëtlogon par Laigneau de Villeneuve, conseiller du Roi et procureur au siège d'Hennebont, le 9 février 1731 (Archives de famille).

ment matériels et aucune perte humaine ne fut à déplorer parmi la population malouine.

Le coup était manqué et l'amiral anglais dut battre en retraite.

C'est après cette affaire que Coëtlogon est honoré d'une distinction nouvellement créée par le grand Roi et qui était destinée à récompenser les mérites purement militaires. Il reçoit des lettres de chevalier de l'*Ordre militaire de Saint-Louis* (institué par l'édit du Roi du mois d'avril 1693) en considération « des services qu'il rend depuis dix-neuf ans » tant en qualité de capitaine de vaisseaux que de chef » d'escadre avec faculté de porter une croix d'or sur » l'estomac attachée d'un petit ruban coulleur de feu sur » laquelle sera l'image de Saint-Louis, etc... ». Ces lettres sont datées de Versailles et du 1ᵉʳ février 1694, signées : Louis et contresignées : Philippeau [26].

Les Malouins, à la suite de la tentative de destruction de leur ville, s'étaient remis à combattre les Anglais avec un acharnement redoublé. Ceux-ci qui voyaient leur commerce de plus en plus menacé, revinrent encore une fois, en 1693, avec une flotte imposante. Ils imposèrent à la vieille et fière cité un nouveau bombardement, mais ce fut, comme la première fois, sans succès.

Un rapport du chevalier de Coëtlogon adressé, en 1694, au ministre de la Marine [27], nous donne une idée générale de ce qu'était notre situation maritime deux ans après la mémorable bataille de la Hogue. En voici de larges extraits :

« Les ennemis envoyant à présent quarante vaisseaux » dans la Méditerranée, dont apparemment trente se » joindront à ceux d'Espagne, il est difficile qu'on puisse » faire passer dans cette mer par la difficulté de faire la » jonction, les ennemis gardant le détroit ou se tenant aux » îles d'Yères d'où ils pourraient avoir connaissance par

(26) Arch. Nat., B 34, Marine 15.
(27) Arch. Nat., B 34, Marine 15.

» des bâtiments de garde de tout ce qui voudrait entrer ou
» sortir de la rade de Toulon...

» ... il me paraît aussi être nécessaire que les ennemis
» soient longtemps persuadés que Sa Majesté veut faire un
» grand armement dans cette mer afin de les obliger à faire
» les frais d'une grande armée et de leur ôter la pensée
» de faire la dépense et les préparatifs d'une descente
» considérable à laquelle ils travaillent indubitablement
» s'ils ne croyaient pas avoir rien à craindre d'une armée
» du roy.

» Lorsque les ennemis auront appris que nous n'aurons
» point d armée, s'ils ne s'attachent point à quelque lieu,
» il y a apparence qu ils partageront la leur en escadres
» qu'ils envoieront dans les rades de La Rochelle, à l'entrée
» de la rivière de Nantes, à celle de Bordeaux et sur Belle-
» Isle, pour donner de l'inquiétude à une plus grande
» étendue de côtes, interrompre le commerce et ôter aux
» escadres et aux corsaires l'entrée de nos rades et des
» ports...

» Si cependant le roy jugeait à propos d'en mettre à la
» mer [une armée], il me paraît qu'il pourrait en envoyer
» une assez forte sur les escadres composées des vaisseaux
» qui usent le moins d'eau et commandée par *Bart* qui
» connaît cette mer et les ports de Norvège et de Danemark;
» elle pourrait porter beaucoup de dommage au grand
» commerce que les ennemis font dans le Nord et prendre
» quelques bâtiments de ceux qui viennent des Indes
» orientales. Les ambassadeurs de Sa Majesté dans les
» cours de Danemark et de Suède pourraient faire faire du
» biscuit et des vivres et faire fournir de la bière et des
» rafraîchissements en étant avertis de bonne heure; il serait
» à propos de consulter sur ce dessein Mr Bart lorsqu'il
» sera de retour de la mer.

» On pourrait aussi tenir une escadre nord et sud du
» cap St-Vincent assez au large de la côte pour qu'elle n'en

» eut connaissance que les vaisseaux du roy auraient
» absolument besoin des secours de la rivière de Lisbonne
» ou de la ville de Lagos; elle pourrait aussi, étant pourvue
» d'eau et de rafraîchissements, faire quelque course vers
» les Açores dans l'espérance de rencontrer quelque flotte
» de celles qui viennent de l'Amérique...

» Quant à la Méditerranée, je ne vois guère que le port
» de Gênes qui puisse être une retraite pour une escadre;
» encore n'est-elle pas trop sûre contre les mauvais temps;
» tous les autres ports sont aux ennemis jusqu'à l'entrée de
» l'Archipel et au fond du Levant où il y en a qui appar-
» tiennent aux Vénitiens et au Grand Seigneur. Il faudrait
» cependant que les commandants de l'escadre et des vais-
» seaux eussent la précaution, lorsqu'ils auront besoin de
» se retirer dans quelque port, de choisir les plus assurés
» par eux et par leur situation, sans compter beaucoup sur
» les batteries qui défendent les ports ni sur la protection
» des gouverneurs qui n'empêcheraient pas les ennemis, se
» trouvant les plus forts, d'y attaquer les vaisseaux du roy...

» Je ne vois rien de plus sûr, de plus préjudiciable aux
» ennemis et de plus avantageux au roy, que de donner des
» navires à tous ceux qui voudront armer pour leur compte,
» pourvu que ce soient des personnes dont on puisse
» répondre de la capacité et de la sagesse.

» Outre le mal qu'ils feraient à l'ennemi, ils occuperaient
» et nourriraient plusieurs matelots qui, faute de subsis-
» tance chez eux, en pourraient aller chercher chez les
» ennemis. Il serait à propos de donner ordre aux petits
» corsaires, qui voudraient revenir en France, avant le mois
» d'octobre, de tâcher de savoir des nouvelles des ennemis
» et d'aller à Bordeaux ou à La Rochelle plutôt qu'à Brest
» ni dans la Manche, y ayant apparence que les escadres
» ennemies se tiendront plus longtemps aux environs de
» Brest que des ports du royaume plus éloignés de la
» Manche ».

Coëtlogon préconisait donc, dans son mémoire, l'intensification de la guerre de course. L'œuvre de reconstitution de la marine royale promettait d'être longue, d'autant plus que le trésor, épuisé par les guerres de toute espèce, exigeait la restriction des dépenses. Louis XIV écouta les sages conseils de Coëtlogon et de nombreux corsaires vinrent apporter leur aide précieuse aux escadres amoindries.

Ne confondons surtout pas corsaires et pirates. Ces derniers s'en prenaient indistinctement à tout navire dont la capture pouvait leur être d'un profit quelconque. Les corsaires attaquaient les navires des nations ennemies et en état d'hostilité avec la leur. Ils faisaient la guerre loyalement. Des ordonnances royales réglementèrent leurs opérations entre autres celle du 17 mars 1696 enjoignant aux bâtiments français d'*assurer le pavillon*, c'est-à-dire d'arborer le pavillon national avant de tirer le premier coup de canon. Les autres nations adoptèrent, ensuite, cette règle. Parmi les nombreux corsaires qui combattirent au xvii° siècle, Jean Bart et le comte de Forbin furent les plus célèbres; leurs hauts faits, tant soit peu enjolivés par la légende, sont demeurés les modèles du genre. Coëtlogon, prétend-on, se livra lui-même à la guerre de course : il dut tout au moins, comme tous les capitaines des vaisseaux du roi, saisir et conduire dans nos ports les navires de commerce ennemis rencontrés pendant ses croisières.

Revenons au mémoire dressé par ce grand marin en 1694 :

« Rien », poursuit-il, « ne manque plus à la grandeur du
» roy et au bon état de ses affaires que de mettre en mer
» tous ses vaisseaux. Un grand armement met toutes les
» côtes du royaume en repos, sur lesquelles les ennemis
» feraient des entreprises si nous n'avions point d'armées,
» *ayant depuis longtemps les bâtiments nécessaires* pour
» embarquer des troupes et les débarquer où elles ne
» seraient peut-être pas attendues après avoir fait marcher
» d'un autre côté celles du roy.

» Ce n'est pas qu'ayant une armée plus forte que celle de
» Sa Majesté ils ne puissent entreprendre de descendre en
» Normandie ou en Picardie avec leurs bâtiments de charge
» escortés de quelques vaisseaux de guerre pendant que
» leur armée, étant hors de la Manche, observerait celle
» du roy et la combattrait si elle jugeait qu'il lui fut
» avantageux.

» Mais je suis persuadé que Sa Majesté ayant quatre-
» vingt-dix navires ensemble ils n'oseraient rien entre-
» prendre partout ailleurs à cause des accidents qui
» pourraient arriver à leurs bâtiments de charge dans un
» long trajet et dans une grande mer par les vents et par
» notre armée; lorsque les ennemis n'auront que dix ou
» douze vaisseaux [de] plus que nous, nous pourrons tenir
» la mer hors de la Manche et les combattre lorsque l'occa-
» sion sera avantageuse et favorable au jugement du
» général, l'intérêt du roy n'étant plus de les combattre
» seulement mais de vaincre et de garantir ses côtes.

» Quant au succès il dépendra de la volonté du Seigneur,
» rien n'étant si incertain que le gain d'un combat de mer,
» les ennemis n'ayant pas moins de courage que nous ni
» de moins bons vaisseaux que les nôtres. Lorsqu'ils
» n'auront que leur armée navale, il n'y aura rien à craindre
» pour les provinces, les descentes qu'ils feraient ne pou-
» vant être considérables.

» Si les forces ennemies étaient si fort au-dessus des
» nôtres que l'armée du roy ne put tenir la mer dans
» l'Océan, il croirait qu'il serait à propos de faire passer de
» bonne heure dans la Méditerranée un corps de gros vais-
» seaux qui, joints à ceux qui vont à Toulon, fissent le
» nombre de cinquante navires lesquels pourraient servir
» utilement en Catalogne si le roy jugeait à propos d'y faire
» des conquêtes le printemps prochain auparavant que les
» anglais et les hollandais y eussent envoyé assez de vais-
» seaux pour nous obliger à retirer les troupes de la marine

» qui seraient dans l'armée de terre, je doute qu'ils envoient
» dans cette mer plus de trente ou trente-cinq vaisseaux
» qui, étant joints aux espagnols, ne seraient pas plus forts
» que nous, à moins qu'ils ne sachent de certitude que le roy
» ne doit pas armer dans l'Océan. En ce cas ils pourraient
» faire passer dans la Méditerranée de plus grandes
» forces... ».

Après s'être étendu en de longues considérations sur l'alimentation des équipages, le ravitaillement sur les côtes et autres détails minutieusement étudiés, le chevalier de Coëtlogon se livre à une critique de l'influence des mœurs du temps, bien peu différentes de celles d'à présent, sur les cadres du corps de la marine :

« L'inapplication de la plupart des officiers subalternes,
» leur peu de discipline et de subordination viennent de
» ce qu'ayant pour la plupart *des parents ou des patrons*
» *par lesquels ils avancent, ne croyant pas avoir besoin*
» *de s'attacher à leur métier* et les capitaines qui ne trouvent
» dans plusieurs aucun secours, se reposent très peu sur
» leurs soins et ne s'en donnent guère à leur faire faire le
» service, aimant mieux s'en rapporter aux maîtres et aux
» pilotes, au lieu que s'ils ne parvenaient que sur les bonnes
» relations des commandants et des capitaines avec qui ils
» auraient servi, il arriverait sûrement qu'ils s'applique-
» raient, que la subordination et la discipline serait aussi
» bien établie et observée qu'elle l'est par terre et afin que
» les capitaines ne parlassent point sans de bonnes raisons
» à l'avantage de leurs officiers il serait à propos de leur
» faire savoir qu'on leur redonnerait les campagnes sui-
» vantes; la plupart ne portent à la mer *ni cartes ni*
» *compas...*

» Il y a plusieurs aides-majors qui ne servant pendant les
» campagnes que dans cette fonction n'apprennent point
» la manœuvre ni le pilotage ni ce qui peut former un bon
» officier de mer et parviennent à *être capitaines sans savoir*

» *le métier;* je crois qu'il serait à propos lorsque les vais-
» seaux sont à la voile où ils sont presque toujours sans
» fonction, qu'ils fissent le service comme lieutenants selon
» leur ancienneté et qu'ils fissent le quart...

» Nous éprouvons, toutes les campagnes, que la poudre
» qui est dans les soutes des vaisseaux devient humide et
» perd beaucoup de sa force...

» Les capitaines, à l'exemple les uns des autres, tiennent
» à la mer des ordinaires trop forts et ils y emploient plus
» qu'ils ont besoin et sont obligés d'embarquer une si grande
» quantité de moutons, bœufs et volailles, que les entre-
» ponts sont échauffés et embarrassés; il serait de l'avantage
» de l équipage et des capitaines qu'il leur fut défendu de
» donner du rôti à dîner et de la viande à déjeuner, cette
» défense ne doit pas être pour les généraux qui ont des
» appointements plus considérables et de plus grands vais-
» seaux...

» Permettez-moi aussi de vous représenter, Monseigneur,
» que l'impunité de quelques mauvaises actions qui ont été
» faites à la mer, a causé beaucoup de relâchement dans
» plusieurs qui feraient toujours leur devoir s'ils n'avaient
» pas eu de mauvais exemples lesquels, n'ayant pas été
» chatiés, ont fait manquer des occasions qui auraient été
» très utiles au roy et auraient porté aux ennemis un coup
» mortel; il est très assuré que lorsque les lachetés seront
» punies sévèrement et les bonnes actions récompensées
» avec quelque considération pour ceux qui en font tou-
» jours, que les moins braves tiendront leur poste et que
» l'ardeur et le zèle des autres continueront à les porter à
» faire encore mieux qu'ils n'ont fait.

» Si on observe ces deux choses, on peut s'assurer que le
» corps de la marine ne peut être vaincu ».

Pendant les années qui suivirent, les escadres françaises
n'eurent qu'un rôle effacé. Un chef actif et belliqueux peu
fait pour la vie des ports et les travaux, si utiles cependant,

des périodes de reconstitution et de préparation ne pouvait
se plaire dans une inaction même passagère. Coëtlogon qui
s'était battu sur mer pendant vingt-six ans s'adonna-t-il à
la guerre de course, comme on l'a prétendu ? Nous n'avons
pu, malheureusement, retrouver la relation des combats
qu'il dut livrer à la manière des corsaires de profession
tels que le fameux Jean Bart. Force nous est donc de
suivre simplement cet illustre enfant de Rennes dans sa
carrière officielle.

L'avènement au trône d'Espagne du petit - fils de
Louis XIV, qui prit le nom de Philippe V, déchaîna contre
la France une nouvelle guerre et arma contre elle une
coalition formée par l'Angleterre, l'Autriche et la Hollande.

L'importance de l'empire colonial de l'Espagne et sa
situation géographique nécessitaient l'envoi, en Amérique,
d'une flotte puissante. Malheureusement, dès le mois d'avril
1701, le maréchal de Tourville tomba gravement malade et
mourut à Paris dans la nuit du 27 au 28 mai de la même
année. C'était une grande perte pour le roi qui la ressentit
vivement, et l'occasion d'un profond chagrin pour Coëtlogon. Le commandement de la flotte fut donné à
M. de Château-Renault que le roi d'Espagne nomma
capitaine général des mers de l'Océan; à la mort de Tourville Louis XIV l'éleva au rang de vice-amiral du Levant.

Le chevalier de Coëtlogon lui fut adjoint avec « pouvoir
» de capitaine général du roi d'Espagne dans les Indes,
». *en l'absence* du comte de Châteaurenault; donné par Sa
» Majesté catholique... du consentement du Roy très chré-
» tien son ayeul. Fait à Buen-Retiro le ... mars 1701. Signé :
» Yo EL REY » [28].

Au moment où Château-Renault avait été promu vice-
amiral de France, Coëtlogon fut pourvu de la charge de
lieutenant général des armées navales « pour servir en
Levant et en Ponant » [29].

<hr>

(28) Généalogie de la Maison de Coëtlogon par Laigneau de Villeneuve.
(29) Généalogie de la Maison de Coëtlogon par Laigneau de Villeneuve.

Le brevet signé du roi et contresigné par Phélypeaux de Pontchartrain, donnait au nouveau dignitaire le titre de marquis qu'il ne prit du reste jamais, par déférence sans doute pour son frère aîné René qui était régulièrement marquis de Coëtlogon. Il s'intitula et signa simplement, comme par le passée : le Chevalier de Coëtlogon.

Il est à remarquer que ce dernier, tout en atteignant aux grades les plus élevés, ne trouva pas, même plus tard comme vice-amiral de France, l'occasion de commander en chef, ce qui ne diminue aucunement ni sa renommée, ni ses talents militaires comparables à ceux des plus grands capitaines de son époque, si riche en héros de toute sorte. Sa méthode de combat, d'une extrême audace, n'excluait pas la prudence et ne l'empêchait pas d'être très ménager de la vie de ses matelots et de ses officiers.

A Palerme, en 1676, il pénétra avec le seul vaisseau qu'il montait, dans la rade où était mouillée l'escadre ennemie et, *à lui seul*, il la mit en désordre, facilitant par cette action la victoire remportée ensuite par la flotte de France.

A Barlette, il affronta *seul*, sans l'appui d'aucun autre navire l'artillerie de la côte, brûla un vaisseau et s'empara d'une flotte marchande.

En 1686, entre Gibraltar et Malaga, il attaqua *seul* et mit en fuite deux vaisseaux de guerre espagnols qui avaient refusé de saluer le pavillon français.

Après avoir enlevé un vaisseau pirate lors du siège d'Alger, il eut, au combat de Bantry, en Irlande, l'arrière de son vaisseau arraché par l'explosion d'un baril de poudre et trente hommes précipités à la mer. Quoique grièvement blessé lui-même il répara à la hâte ses avaries et traversa *seul*, sous un feu terrible, l'escadre ennemie pour rejoindre la flotte française et partager ses périls. C'est précisément cette action d'éclat qui lui avait valu, en 1689, le grade de chef d'escadre.

Coëtlogon avait donc sa *manière* qui consistait surtout en

une extraordinaire intrépidité qui ne le cédait en rien à l'audacieux courage de Jean Bart et des corsaires célèbres de ce temps.

Il n'y a donc pas à être surpris de voir venir vers lui les suprêmes honneurs dans la dernière période de son existence.

. Coëtlogon était, depuis 1701, au service de l'Espagne; il fit, en 1702, la campagne d'Amérique, à la tête d'une escadre de cinq vaisseaux : le *Monarque*, l'*Orgueilleux*, le *Vainqueur*, l'*Eole* et la *Couronne*. Il avait pour mission d'assurer et de protéger le ravitaillement des colonies espagnoles. Il fut retenu longtemps dans la rade de Vera-Cruz, au Mexique, par suite d'ordres et de contre-ordres mal interprétés par le vice-roi. Il fait part de l'écœurement que lui causait cette inaction forcée dans une lettre du 2 janvier 1702, écrite à la Havane [30].

L'année suivante, revenue sur les côtes de la péninsule ibérique, l'escadre qu'il commandait livra un combat, à quinze lieues nord-nord-est et sud-sud-ouest du cap de la Roque, à cinq vaisseaux de guerre hollandais qui escortaient la flotte de Lisbonne et de Saint-Wal.

Voici la relation officielle du combat [31] :

« Le vingt-deux du mois de May 1703, à cinq heures du
» matin, nous reconnûmes le cap de La Roque environ a
» six lieues à l'est quart de nord-est de nous; deux heures
» après nous aperçûmes plusieurs navires sur lesquels nous
» arrivâmes cinq lieues après que le *Monarque*, qui était
» allé les reconnaître, nous eut fait le signal qu'il n'y avait
» que cinq vaisseaux de guerre hollandais qui convoyaient
» une flotte de près de cent dix voiles, tant flutes que
» quaiches, pinasses, flibots et autres sortis le jour d'aupa-
» ravant de Lisbonne et de Saint-Wal où la plupart avaient
» chargé du sel, quelques-uns du vin et du sucre, à onze
» heures étant à demye portée de canon des canons qui,

(30) Arch. Nat., B 4, Marine 23.
(31) Arch. Nat., B 4, Marine 25.

» après avoir fait signal aux marchands de se sauver,
» s étaient mis en ligne.

» Monsieur le Marquis de Coëtlogon et M. de Cassard [32]
» avec le *Vainqueur* attaquèrent le commandant. Monsieur
» le Marquis de Châteaurenault et Monsieur de Mons
» abordèrent chacun le leur, Monsieur le commandeur
» Dupalais prit le sien et Monsieur le commandeur d'Ally
» après en avoir fait amener un, acheva de faire rendre le
» commandant que le *Vainqueur* avait rudement chauffé
» pendant un très long temps, mais qu'il n'avait pu suivre,
» une partie de ses manœuvres ayant été coupées et sa
» misaine toute déralinguée.

» Monsieur d'Ally fit brûler ce vaisseau tout criblé et
» démâté qui faisait beaucoup d'eau, après en avoir sauvé
» l'équipage. Monsieur le comte de Waldtsteyn était dedans
» qui partait de Portugal où il était ambassadeur pour
» l'Empereur, avec un autre gentilhomme qu'on dit être
» un envoyé de Monsieur l'Electeur de Mayence, qui
» passaient par la Hollande pour se rendre dans leur pays.

» Il faut dire à la louange des hollandais qu'ils firent un
» gros feu de canon et de mousqueterie qui dura beaucoup
» plus qu'on ne devait espérer; mais la force n'étant pas
» égale, après environ deux heures de combat, les cinq
» vaisseaux étant presque tous désemparés furent rendus.

» Pendant cet intervalle, la flotte fit aisément vent arrière
» par un gros vent du nord-nord-ouest qui nous mit, pour
» lors, à vingt lieues au nord-nord-ouest du cap Saint-
» Vincent.

» Tous les officiers de l'escadre et les gardes-marine, qui
» ont fait des merveilles, regrettaient fort de n'avoir pas
» trouvé une partie plus égale.

» Le malheureux sort est tombé sur le pauvre Monsieur
» de Vaurouy, brave homme fort aimé, qui fut tué aux deux
» tiers du combat d'un coup de canon entre les deux

(32) Jacques Cassard, né à Nantes en 1672, mort en 1740, corsaire célèbre,
combattit les Anglais dans la Manche et devint capitaine de vaisseau.

» épaules, lorsqu'il se préparait, à l'avant du *Vainqueur*, à
» sauter à bord du commandant hollandais qui faisait bonne
» contenance, que le gros temps heureusement ne nous
» permit pas d'aborder, car nous aurions encore augmenté
» notre mal.

» Monsieur de Mons commandant l'*Éole* a été blessé d'un
» éclat à une jambe, Monsieur le chevalier de Coudré,
» lieutenant de vaisseau, capitaine de compagnie et Mon-
» sieur de Flassy enseigne de vaisseau et lieutenant de
» compagnie, armés tous deux dans le *Monarque* ont été
» aussi blessés aux jambes par des éclats.

» Monsieur des Catelets, sous-brigadier armé dans l'*Éole*,
» qui sert dans la compagnie des gardes-marine depuis
» douze ou treize ans, a reçu un dangereux coup de mous-
» quet dans la main en sautant à l'abordage. Monsieur du
» Héloy, garde-marine depuis onze ans, armé dans le même
» vaisseau, a eu une jambe emportée d'un coup de canon.
» Monsieur du Héloy du Breuil son frère, garde-marine de
» cette année, a reçu une blessure dangereuse dans les
» reins, d'un coup de mousquet, en sautant à l'abordage.

» La mer étant fort grosse, et ne voyant que de très loin
» les traîneurs de la flotte, nous n'eûmes pas trop du reste
» de la journée pour amariner nos prises et il fallut faire
» plusieurs voyages de chaloupes pour en transporter les
» équipages.

Noms des vaisseaux hollandais pris	Noms des capitaines	Nombre de canons	Nombre d'hommes	Noms des vaisseaux qui les ont pris
Le Muydenberg	Romio VLAQ parti de Lisbonne	50	220	Brûlé par *Le Monarque*
Le Roosendaël	André BOREL parti de Lisbonne	32	143	Abordé par *L'Éole*
Le Rotterdam	FORMAN, commandt parti de St-Wal	46	180	Pris par *L'Orgueilleux*
Le Rescherner	TEENGS parti de St-Wal	48	200	Abordé par *La Couronne*
Le Gasterlaudt	DE WIDT parti de St-Wal	46	190	Pris par *Le Vainqueur*

» Il y a environ quinze hommes de nos équipages de tués
» et quatre-vingts blessés.

Le *Vainqueur* était le vaisseau monté par Coëtlogon.

Les grands marins de Louis XIV ne s'occupaient jamais
de l'importance des forces qu'ils avaient à combattre; ils
n'en connaissaient le nombre qu'après les avoir vaincues.
A nombre égal, les Français avaient toujours le dessus,
souvent à nombre moindre ils étaient vainqueurs.

En 1704, le 24 août, la flotte du comte de Toulouse commandée par d'Etrées rencontra en vue de Malaga les flottes
réunies d'Angleterre et de Hollande.

Ducasse [33] commandait une division, montant lui-même
l'*Intrépide*, vaisseau de quatre-vingt-quatre canons, qui
livra un combat épique au *Barfleur* qui portait l'amiral
Showel, une des gloires de l'Angleterre.

Coëtlogon, sur le *Tonnant*, remplissait les fonctions de
vice-amiral du corps de bataille. Ce fut, croyons-nous, le
dernier grand combat auquel il prit part.

Un tableau des galeries historiques du musée de Versailles représente cette bataille qui se déroula sur une mer
calme comme un lac, les deux flottes marchant parallèle-
ment dans un ordre parfait, comme à la manœuvre, et se
canonnant avec acharnement.

La victoire fut indécise et M. de Relingue [24], mourant
de ses blessures, demandait qu'on recommençât la bataille
le lendemain.

Nous n'avons pas de détails particuliers sur cette affaire ni
sur le rôle que ne manqua pas d'y jouer, au premier plan,
Coëtlogon. Toujours est-il que l'année suivante, à la date
du 1ᵉʳ novembre, le roi l'éleva au grade de commandeur de
Saint-Louis, lui accordant une pension de trois mille livres

---

(33) Jean-Baptiste Ducasse, né en 1649, mourut en 1715 lieutenant général des
armées navales.

(34) Ferdinand comte de Relingue (ou d'Erlingue), originaire d'Allemagne,
commença à servir en France comme enseigne en 1670, devint plus tard lieutenant général des armées navales et eut une jambe emportée par un boulet
à la bataille de Malaga ; il mourut le lendemain 25 août 1704.

« à la place du feu S^r comte de Relingue, lieutenant général
» des armées navalles et chevalier de cet ordre, en consi-
» dération des preuves qu'il a données de sa valeur et de
» son expérience consommée dans la marine pendant trente-
» huit ans de service tant en qualité de capitaine de vais-
» seaux de guerre que de chef d'escadre et de lieutenant
» général avec faculté de porter le ruban large couleur de
» feu en écharpe... » [35]. C'est ce qu'on appelait alors le
« cordon rouge ».

A partir de cette époque la marine française perdit son
activité. La guerre de succession d'Espagne, coûteuse
autant que désastreuse, épuisa de nouveau les finances du
roi et ce fut là sans doute la principale cause de ce marasme.

La guerre de course cependant empêcha nos ennemis
de devenir maîtres de la mer et pendant que sur terre nos
armées essuyaient défaite sur défaite, Duguay-Trouin
combattait les Anglais avec acharnement, leur causant des
pertes immenses et couvrant de gloire notre pavillon.

Enfin, après avoir subi les plus grands revers, le roi de
France voyait ses armées remporter deux grandes victoires :
celle de Villaviciosa, gagnée par Vendôme en 1710, rendit
à Philippe V le trône qu'il avait momentanément perdu et
celle de Denain, gagnée par Villars en 1712, mit fin à la
guerre et amena la paix d'Utrecht.

Louis XIV gardait ses conquêtes territoriales mais cédait
aux Anglais les établissements de l'île de Terreneuve et de
la baie d'Hudson et l'Acadie.

Coëtlogon avait-il repris la mer au cours de ces huit
années ? Nous l'ignorons, les archives sont muettes à ce
sujet et ne contiennent plus que les traces des bienfaits du
roi et des récompenses si justement accordées au vieux
marin.

Le 5 août 1715, Louis XIV étant à Marly, lui accorda une

(35) Généalogie de la Maison de Coëtlogon par Laigneau de Villeneuve.
(36) Généalogie de la Maison de Coëtlogon par Laigneau de Villeneuve.

pension de 4.000 livres sur l'ordre de Saint-Louis « vacante par le décès du sieur Ducasse » [36].

En 1715 également, le 18 septembre, M. de Coëtlogon fut admis au conseil de la marine, comme conseiller avec voix délibérative [37].

Au premier jour de novembre suivant, le grand roi mourait à Versailles après un des plus longs et des plus glorieux règnes que l'histoire ait connu, laissant comme successeur un unique arrière-petit-fils âgé de cinq ans ! L'année suivante la charge de vice-amiral de France allait se trouver vacante par le décès du maréchal de Château-Renault qui était à l'agonie. Son fils unique, qui était gendre du duc de Noailles, voulut retirer tout le profit possible de cette haute charge qui, cependant, n'avait jamais été vendue et que Château-Renault n'avait pas achetée. Le duc de Noailles usa de son influence de ministre pour obtenir du Régent un brevet de retenue de 120.000 livres, somme qu'on voulut faire payer à M. de Coëtlogon qui demandait la vice-amirauté comme étant le plus ancien des lieutenants généraux. Coëtlogon refusa avec indignation de payer le moindre denier, disant fièrement qu'il avait toujours mérité les honneurs qui lui avaient été décernés et qu'il ne voulait pas les avilir en les achetant.

« Le duc de Noailles », dit Saint-Simon, « rapporta le » brevet de retenue à Monsieur le Duc d'Orléans qui le » jeta au feu et fit donner les 120.000 livres aux dépens du » Roi, que le duc de Noailles fit payer à sa sœur, en grand » ministre qui ne néglige rien ».

Coëtlogon reçut donc la dignité de vice-amiral de France, à la place de feu le comte de Château-Renault « pour, sous » l'auctorité de notre très cher et très amé oncle Louis » Alexandre de Bourbon, comte de Toulouse, amiral de » France » disent les lettres royales « commander dans

<hr>

(37) Généalogie de la Maison de Coëtlogon par Laigneau de Villeneuve.

» l'étendue de la mer Méditerranée, toutes nos forces mari-
» times ».

Le document, daté du 18 novembre 1716, est signé : Louis
et sur le repli « par le Roy, *comte de Provence*, le Duc
» d'Orléans Régent présent. Signé : Phélyppeaux, et
» scellé ».

Ces lettres, dont l'original a disparu des archives du
château de Coëtlogon, détruites pendant la Révolution,
furent heureusement communiquées à la commune de
Rennes, ainsi que celles de maréchal de France, après la
mort du grand marin et inscrites au Registre de la ville où
une copie en existe encore [38].

En même temps, et à la même date, Coëtlogon était élevé
à la dignité de Grand'Croix de l'ordre de Saint-Louis avec
une pension annuelle de 6.000 livres « avec faculté de porter,
» outre la croix ordinaire et le ruban large couleur de feu
» en écharpe, une croix en broderie d'or sur le juste au corps
» et sur le manteau pour marque de cette dignité » [39].

Nous avons vu plus haut que le roi Louis XIV avait admis
Coëtlogon, alors lieutenant général, au conseil de la marine
avec voix délibérative. Le régent le fit par faveur tout à fait
exceptionnelle nommer conseiller d'Etat.

« Aujourd'hui 27 du mois de mars mil sept cent dix sept »
porte le brevet « le Roy étant à Paris, ayant égard aux
» services du sieur Marquis de Coëtlogon, vice-amiral de
» ses armées navalles et conseiller au conseil de la Marine,
» Sa Majesté a résolu de l'admettre en ses conseils en
» qualité de conseiller d'Etat; *mais comme toutes les places*
» *se trouvent remplies*, aux termes du Reglement de
» l'année 1673, Elle a voulu luy asseurer, dès à présent,
» une place audit conseil; et pour cet effet, Sa Majesté, de
» l'avis de Monsieur de Duc d'Orléans, Régent, a déclaré
» et déclare, veut et entend que le dit sieur Marquis de

(38) Extrait des Arch. communales de Rennes, art. 562, reg. in-fol. 42 rᵒ vᵒ
et 43 rᵒ.
(39) Généalogie de la Maison de Coëtlogon par Laigneau de Villeneuve.

» Coëtlogon *soit pourvu d'une place* de conseiller d'Etat,
» lorsqu'il en viendra à vacquer et cependant qu'il ait à
» l'avenir les mêmes rang, voix et opinion délibérative
» dont jouissent les pourvus de places de conseillers d'Etat,
» et ce dans les conseils de Marine, où il prendra son rang
» d'ancienneté du 18 septembre 1715, jour auquel il a été
» admis dans le dit Conseil. Sans toutefois qu'il puisse
» faire les fonctions de conseiller d'Etat qu'il n'ait une des
» places dudit Conseil d'Etat, voulant Sa Majesté qu'en ce
» cas il ne puisse prendre son rang audit Conseil d'Etat que
» du jour que les lettres du Roy luy en seront expédiées
» dans la forme ordinaire.

» Et cependant, pour assurance de sa volonté, Elle m'a
» commandé d'expédier audit sieur Marquis de Coëtlogon
» le présent Brevet, qu'Elle a signé de sa main, et fait
» contresigner par moy, son conseiller d'Etat, et de ses
» commandements et Finances.

» Ainsy signé : Louis, et plus bas : PHÉLYPEAUX » [40].

Dès les premières années du règne de Louis XV et malgré
la haute valeur du duc d'Orléans Régent, les courtisans
redoublèrent leurs intrigues pour la conquête des places, des
pensions et des honneurs. Le Régent n'avait pas la grande
autorité de Louis XIV. Plus faible encore était le prestige
de son successeur dans le poste de premier ministre : le duc
de Bourbon. Celui-ci, dit Saint-Simon, « sous les volontés
» de Madame de Prie sa funeste maîtresse, et tous deux
» sous la fatale tutelle des frères Paris, fit au premier jour
» de l'an 1724, une promotion de maréchaux de France et
» une de chevaliers de l'ordre, toutes deux ridicules.

» Il donna l'ordre à Coëtlogon tout aussi mal à propos
» qu'il ne le fit point maréchal de France... Coëtlogon en
» fut vivement touché, mais consolé par le cri public, il

<hr>

(40) Arch. communales de Rennes, art. 562, fol. 43 r° et v°.

» n'en fit aucune plainte et s'enveloppa dans sa vertu et sa
» modestie.

» Quelques années après, étant fort vieux, il se retira dans
» une des maisons de retraite du noviciat des Jésuites, où
» il ne pensa plus qu'à son salut par toutes sortes de bonnes
» œuvres.

» Alors Dantin et le comte de Toulouse, qui avait épousé
» la veuve de son fils sœur du duc de Noailles, laquelle en
» avait eu deux fils, songèrent à faire donner au cadet de
» ces deux petits-fils de Dantin, tout jeune, la vice-amirauté
» de Coëtlogon, pour avoir l'appui du comte de Toulouse
» son beau-père, amiral, et voler de là rapidement au bâton
» de maréchal de France. Ils le proposèrent à Coëtlogon,
» ils lui offrirent tout l'argent qu'il en voudrait tirer, enfin
» ils lui montrèrent le bâton de maréchal de France qu'il
» avait si bien mérité.

» Coëtlogon demeura inflexible, dit qu'il ne voudrait pas
» vendre ce qu'il n'avait point voulu acheter, protesta qu'il
» ne ferait point ce tort aux officiers de la marine, de priver
» de leur fortune ceux que leur service et leur ancienneté
» devaient faire arriver après lui. On sut cette généreuse
» réponse moins par lui que par les gens qui lui avaient
» été détachés et par les plaintes du peu de succès; le public
» y applaudit et la marine en fut comblée ».

L'ordre du Saint-Esprit joint à celui de Saint-Michel constituaient ce qu'on appelait « les ordres du Roi ». C'était la
plus haute récompense à laquelle un gentilhomme pût
aspirer. Au mérite le plus pur auquel, en principe, elle
devait être accordée, il fallait joindre une haute naissance
et les preuves à faire étaient difficiles.

Le duc de Saint-Simon, très orgueilleux, jaloux de ses
contemporains, préoccupé avant tout de questions de pré-
séance, excessivement partial dans ses jugements, n'a pu,
malgré l'estime qu'il éprouvait pour un homme aussi droit
et intègre que Coëtlogon, résister au désir de critiquer sa

naissance, oubliant que lui-même, tout duc et pair qu'il fut, avait un ancêtre porte-balle.

Nous avons dit, au début de cette étude, quelle était l'origine de la Maison de Coëtlogon remontant, avec preuves à l'appui, à l'an 1100 et réputée comme remontant en ligne masculine aux ducs de Bretagne et en ligne féminine à la Maison de Porhoët, branche cadette elle-même de celle de Bretagne.

Les titres de la famille, au nombre de 133 pièces, furent produits par César-Magdeleine, chevalier, marquis de Coëtlogon, chef de nom et d'armes, arrière-petit-neveu du vice-amiral, et des collationnés et vidimus en furent dressés par les soins de Paul-Esprit Feydeau, chevalier, seigneur de Brou, etc..., conseiller d'Etat, « commissaire départy par » Sa Majesté pour l'exécution de ses ordres en la province » de Bretagne », et certifiés conformes, à la date du 27 avril 1723. Les titres furent examinés par Clairambault, généalogiste des ordres, et soumis au duc de Coislin, évêque de Metz, et au marquis de Goëbriand, tous deux chevaliers des ordres, qui transmirent le dossier à l'abbé de Pomponne, commandeur et chancelier. Les preuves ayant été reconnues suffisantes, le vice-amiral *marquis* de Coëtlogon fut admis dans l'ordre le 28 mars 1724. Le collier qui était remis aux chevaliers était composé de celui de l'ordre de Saint-Michel, fondé par Louis XI le 1ᵉʳ avril 1469, et de celui du Saint-Esprit, institué par Henri III le 31 décembre 1578. Le premier de ces colliers était formé de coquilles d'argent attachées ensemble par une chaîne d'or entrelacée d'un ruban de velours noir, auquel était pendue une médaille, portant en son milieu saint Michel terrassant un dragon et en exergue la devise : *Immensi tremor oceani.* Le second était composé de médaillons portant la lettre H encadrée de couronnes royales, séparés par des fleurs de lis et supportant une croix d'or à quatre branches ornée d'une image du Saint-Esprit sous la forme d'une colombe.

Le collier ne se portait qu'aux cérémonies religieuses où figuraient les chevaliers. A l'ordinaire, la décoration seule du Saint-Esprit se portait suspendue à un large ruban bleu ciel moiré que l'on mettait en écharpe comme celui de la grand'croix de Saint-Louis.

Le vice-amiral de Coëtlogon était dans sa quatre-vingtième année lorsqu'il fut honoré personnellement, et toute sa famille en même temps, par l'ordre si envié du Saint-Esprit.

Comme son frère aîné René, le vice-amiral avait eu la grande députation des Etats de Bretagne à la Cour.

L'heure du repos avait sonné pour lui depuis longtemps; si verte que pût être sa vieillesse, il n'avait pas affronté pendant d'aussi nombreuses années les fatigues de la mer et des combats sans dommage pour sa santé.

L'éloignement qu'il éprouvait pour les mœurs de la Cour, peut-être aussi l'écœurement résultant de certaines injustices, furent-ils pour lui les causes principales de sa retraite au noviciat des Jésuites? Ne faut-il pas voir plutôt, dans cette circonstance, une réminiscence de la crise religieuse qui, en 1680, manqua faire de Coëtlogon un prêtre au lieu d'un amiral? L'approche de la mort ne pouvait qu'accroître la ferveur de ses sentiments religieux.

Il ne fit, évidemment, chez les bons religieux, que des séjours, passant aussi du temps dans sa ville natale au gouvernement de laquelle il était lieutenant de roi.

Il s'occupa, en y prenant part pécuniairement, de la reconstruction des châteaux de ses neveux : Coëtlogon et Loyat, leur donnant tout le temps qu'il ne passait pas à Paris.

L'édification du château de Coëtlogon commença en 1728 ainsi qu'en témoigne la première pierre qui porte l'inscrip-tion que voici :

« Les flammes IHS ayant consommé l'ancien château
» celuy-cy fut fondé sous la protection de Dieu le huit mars
» 1728 par Messeigneurs César sire et marquis de Coet-

» logon et Alain Emanuel de Coetlogon chevalier des
» Ordres du Roy vice-amiral de France ».

Le château de Coëtlogon présentait une longue façade
tout en pierre de taille de granit, surmontée en son milieu
d'un vaste fronton sculpté et armorié, flanqué à l'ouest et
à l'est de deux tours demi-rondes dont l'une celle de l'ouest
portait, sculptées dans sa corniche, les armoiries de
plusieurs alliances de la famille. A l'est existait une chapelle
communiquant par trois portes ogivales avec l'orangerie
donnant elle-même au nord et accolée au bâtiment principal.

Ce bel édifice fut incendié en 1795, au lendemain du combat qui eut lieu au mois de juillet dans la grande avenue
qui menait dans la direction de la Trinité-Porhoët, combat
où les 3.000 républicains commandés par le général Cham-
peaux furent battus par l'armée dirigée par le chevalier de
Tinténiac. Celui-ci fut malheureusement tué au début de
l'engagement à l'entrée du chemin qui menait dans la forêt
de Coëtlogon et qu'on appelle l'avenue de Logon. Les
détachements de l'armée républicaine battue mirent le feu
au château. Les ruines en subsistèrent encore jusqu'en 1893,
c'est-à-dire près de cent ans après l'incendie !

Les propriétaires d'alors eurent le mauvais goût de
détruire ces beaux restes d'un passé glorieux et en
dispersèrent aux quatre vents les matériaux. Rien ne fut
épargné, principalement les pierres sculptées qui furent
vendues à des Américains (déjà !). Quelques-unes de ces
pierres restées en France, ont été encastrées dans les murs
d'une villa de Saint-Lunaire, construite par M. de Kerpez-
dron. L'une d'elles porte deux ancres posées en sautoir et
surmontées d'une couronne ducale; les autres portent les
armes écartelées de Le Borgne d'Avaugour et Bretagne, et
des faisceaux de drapeaux et de clefs. Les écussons et les
couronnes avaient été martelés par les révolutionnaires.

De l'esplanade qui se développait devant le château
disparu on jouit vers le sud, dans la direction de Vannes,

d'un panorama splendide s'étendant à plus de quarante kilomètres.

La construction du château de Loyat commencée en 1707 et dirigée par l'architecte vannetais, Olivier Delourme, dura près de trente ans [41]. Loyat est resté intact et magnifique au milieu de belles futaies percées d'avenues et d'allées géométriques. Mais il est sorti de la famille représentée en 1804 par César de Carné-Trécesson, dernier seigneur et marquis de Coëtlogon avant la Révolution et MM. Jean-Baptiste et Alain de Coëtlogon, le premier comme aîné de la ligne Coëtlogon, les autres comme cadets [42], par suite de la mort du dernier vicomte de Loyat, dit le comte de Coëtlogon, lieutenant général des armées du roi, grand-croix de Saint-Louis, décédé à Paris, le 20 novembre 1791. Le grand nombre des héritiers de chaque ligne obligea de vendre le domaine.

Cette belle demeure porte toujours en son fronton de granit l'écusson aux trois bannières de Bretagne si grandement glorifié par le vice-amiral.

Les années continuaient à s'accumuler sur la tête du vieux marin qui, âgé de quatre-vingt-quatre ans, se réfugia définitivement chez les Jésuites pour se préparer à la mort qu'il sentait prochaine. Ainsi donc, l'illustre homme de mer allait disparaître sans que lui ait été donnée la dignité suprême que ses contemporains, ses officiers, ses matelots, s'étaient toujours étonnés de ne pas lui voir décerner par le gouvernement royal dont il avait été pendant si longtemps l'un des meilleurs serviteurs.

Ses neveux, René de Coëtlogon, vicomte de Loyat, procureur général syndic des Etats de Bretagne, et Charles-Elisabeth de Coëtlogon-Romilly, voulurent lui faire

---

(41) Abbé P. MARTIN, *Histoire du château de Loyat* (*Bull. de l'Association bretonne*, Congrès de Ploermel en 1909, Saint-Brieuc, 1910, in-8°, p. 117-125. — E. MARTIN, *Une grande famille bourgeoise à Vannes au XVIII° siècle* (Extrait du *Bull. de la Soc. Polymathique du Morbihan*, 1921, in-8°).

(42) Jugement du Tribunal de la Seine du 27 Frimaire an XIII.

accorder une suprême consolation en sollicitant pour lui, et a son insu, le bâton de maréchal de France. Saint-Simon croit bon d'ajouter à cette louable intention, la crainte bien naturelle que ces messieurs avaient de voir leur famille privée de l'illustration que leur oncle avait si bien méritée.

Le comte de Toulouse qui, jadis, avait eu Coëtlogon sous ses ordres, obtint du cardinal de Fleury, premier ministre, d'appuyer cette demande. Le cardinal traça ces quatre lignes au bas de la requête :

« Les longs services de M. de Coëtlogon, vice-amiral de » France, et son grand âge, paroissent mériter que le Roy » ait la bonté de l'honorer du bâton de maréchal de France. » Le 1er juin 1730 », et le roi écrivit de sa main le mot « bon » suivi de sa signature « Louis » [43].

Le brevet des « Provisions de maréchal de France pour » M. le marquis de Coëtlogon, vice-amiral de France » [44] fut signé le même jour. Le temps pressait, car le brave Coëtlogon était près de sa fin !

« Son confesseur », dit Saint-Simon, « lui annonça cet » honneur; il répondit qu'autrefois il y aurait été fort » sensible, mais qu'il lui était indifférent en ces moments » où il voyait plus que jamais le néant du monde qu'il fallait » quitter, et le pria de ne plus lui parler que de Dieu, dont » il ne fît plus que s'occuper uniquement ».

Six jours après, le maréchal de Coëtlogon s'éteignait paisiblement, n'ayant même pas accordé un regard au bâton bleu fleurdelisé qu'on avait déposé sur son lit.

Il avait, pendant soixante-six ans, rendu à l'Etat « de » grands et signalés services » et « donné dans toutes les » occasions des preuves distinguées de son zèle infatigable » et d'un courage intrépide »; il s'était « trouvé à onze » combats » relatent les lettres royales; mais il mourut comme il avait toujours vécu, dans les sentiments d'une simplicité sans exemple et d'une modestie incomparable.

(43) Arch. Nat., C 7, Marine 70.
(44) Archives de famille.

. Dans son testament, daté du 6 juin 1730 [45], veille de sa mort, le maréchal déclare « avoir choisi sa sépulture dans » l'église du noviciat des Jésuites, à Paris [46], sans que son » corps soit transporté s'il se peut à l'église paroissiale au » moyen de ce que l'on conviendra avec Monsieur le Curé » de Saint-Sulpice de donner pour la paroisse. Veut et » ordonne que son enterrement soit simple sans écussons » ny marques de distinction, sans y convier personne. Il » ne sera point fait de service ny dire de messes autres que » celles qu'il ordonnera cy après... ». Le testament faisait trois parts de la fortune du maréchal : la première était destinée aux messes et aux œuvres, la seconde aux serviteurs, la troisième à ses neveux et petits-neveux.

Emmanuel de Coëtlogon, cadet d'une famille nombreuse, n'avait aucun bien personnel. Les 163.160 livres qui constituaient l'héritage provenaient des largesses royales et des dons des Etats de Bretagne, bien faible rémunération des millions que représentaient les nombreuses prises de l'illustre marin.

Parmi les legs, figurait celui d'un capital de 50.000 livres au chef de la famille, César, chevalier marquis de Coëtlogon, mestre de camp d'infanterie, ancien procureur général syndic des Etats, arrière-petit-neveu du défunt.

Pour une raison que nous ignorons, l'inhumation avait eu lieu dans l'église Saint-Sulpice. La tombe du grand homme était située au premier pilier à droite en entrant par la rue Garancière et portait cette inscription : « Cy gist Allain » Emmanuel Mis de Coëtlogon, M^{al} et Vice Amiral de » France, Ch^{er} des Ordres du Roy, g^d croix de l'ordre royal » et militaire de St Louis, Con^{er} d'Etat au Cons. Royal de » Marine, Capitaine g^{al} pour le Roy d'Espagne dans les

_____

(45) **Archives de famille.**
(46) **Rue Honoré-Chevalier.**

» mers Occidentales de l'Amérique, décédé le 7 juin 1730,
» âgé de près de 85 ans » (47).

L'inscription et la pierre qui la portait ont disparu, détruites sans doute par les révolutionnaires en 1793. Rien n'indique plus l'endroit où Coëtlogon repose depuis bientôt deux cents ans !

La mort de cet enfant de Rennes ne pouvait laisser indifférents ses compatriotes ainsi que le prouve le document que voici :

« Extraits des registres du Greffe de la Ville et Com-
» munauté de Rennes.

» Monsieur le Maire a dit à la Compagnie que les places
» de lieutenant de Roy de la ville de Rennes ont toujours
» été remplies par des personnes d'une naissance illustre
» et qui ont mérité d'être honorées par Nos Roys des
» premières dignités de l'Etat pour récompenser des services
» importans qu'ils ont rendus : que feu monsieur le marquis
» de Coëtlogon qui étoit lieutenant de Roy en cette ville a
» eu pour père et pour frère (48) feus messieurs les marquis
» de Coëtlogon qui étoient lieutenans de Roy des quatre
» Eveschés de Rennes, Vannes, Sᵗ-Malo et Dol & gou-
» verneurs de cette ville à laquelle ils ont tousjours donné
» des marques sensibles de leur protection que mondit sieur
» le marquis de Coëtlogon dernier décédé a été pendant
» plusieurs années lieutenant de Roy de cette ville, lequel
» après avoir passé par les degrés de chef d'escadre & de
» lieutenant général des armées navalles de Sa Majesté
» avoit mérité d'être promu à la charge de Vice-Amiral et
» honoré du bâton de Mareschal de france, que la province
» ayant eu l'honneur de le voir naistre en son sein et la
» ville de Rennes celuy de l'avoir eû pour son lieutenant
» de Roy pendant plusieurs années, il estimoit qu'on ne
» pourroit avoir trop d attention pour conserver la mémoire

(47) Bibl. Nat., fr. 27282. Doss. 18132.
(48) Ici il y a erreur. Le Maréchal de Coëtlogon était frère et oncle des deux lieutenants de Roy.

» d'une personne qui par sa valeur, sa naissance et les
» services qu'il a rendus a l'état avoit mérité tant de distinc-
» tion de son roy ; qu'ainsy il croioit pour l'honneur de la
» province et celui en particulier de la Ville de Rennes il
» étoit à propos de prier monsieur le comte de Coëtlogon [49]
» son nepveu de vouloir bien communiquer à la communauté
» de Rennes les lettres de Vice-amiral & Mareschal de
» France de feu monsieur le marquis de Coëtlogon son
» oncle *afin de consacrer à jamais la mémoire d'un si grand*
» *homme.*

» Sur quoy délibéré,

» La communauté a arresté que monsieur le comte de
» Coëtlogon, neveu de monsieur le marquis de Coëtlogon,
» sera prié de vouloir bien communiquer à la Communauté
» les lettres de Vice-Amiral & de Mareschal de France
» accordées par sa majesté à feu mondit sieur le marquis
» de Coëtlogon pour être enregistrées au greffe de l'hotel
» de ville. Lu ensuite par le greffier à mondit sieur le comte
» de Coëtlogon.

» Fait et arresté en l'hôtel de ville en l'assemblée y tenue
» le dix neuf décembre mil sept cent trente ».

Le marquisat de Coëtlogon lui-même dont le château
avait été construit en partie par le vieil amiral méritait de
conserver spécialement son souvenir. L'enfeu de ses
seigneurs était situé dans l'église de la Trinité-en-Porhoët [50]
(chef-lieu de l'ancien comté de Porhoët dont les Coëtlogon
étaient issus en juveigneurie), dans une chapelle séparée du
chœur de l'église par deux grandes baies ogivales, du côté
de l'évangile. Là, sous les dalles pesantes, reposent depuis
des siècles les seigneurs de Coëtlogon, et les archives de la
commune de la Trinité-Porhoët renferment quantité d'actes
de baptême et d'inhumation les concernant.

(49) René-Charles-Elizabeth de Coëtlogon, vicomte de Loyat.
(50) Nom de l'ancienne paroisse.
(51) Frère du maréchal.

Après le décès de François de Coëtlogon [51], mort évêque de Quimper et comte de Cornouaille en 1706, et après celui de Louis-Marcel de Coëtlogon [52], évêque de Tournay, le 18 avril 1707, les décorations épiscopales furent apposées sur l'enfeu. Quand Alain-Emmanuel mourut, le 7 juin, les marques de dignité de vice-amiral et de maréchal de France y furent également sculptées [53].

Depuis la Révolution on a bouché par de la maçonnerie les deux baies de la chapelle qui est devenue sacristie. Les tombes qui ne furent pas, croit-on, profanées en 1793, sont maintenant cachées par le plancher et par les lambris.

La chapelle et l'enfeu, au XVIIᵉ siècle, étaient communs aux Coëtlogon et à la marquise de Sévigné, dame de la seigneurie de Bodégat, juveigneurie de Coëtlogon, qui étaient préminenciers de l'église de la Trinité. Un écusson peint, aux armes accolées de Carné et de Coëtlogon, est resté au-dessus du pilier séparant les deux arcs ogivaux de l'ancienne chapelle. Au-dessous a été placée une plaque de marbre blanc portant les noms des Coëtlogon et des Carné inhumés dans l'enfeu.

On prétend que le cœur de l'illustre marin, placé après sa mort dans un vase de plomb, rapporté en Bretagne et enterré dans la chapelle du cimetière de Loyat, fut retrouvé lors de l'inhumation du comte de Champagny, député de l'arrondissement de Ploërmel [54].

Une petite rue de Paris, située dans le 6ᵉ arrondissement, allant de la rue d'Assas à la rue de Rennes reçut, il y de nombreuses années, le nom de Coëtlogon. Elle est peu fréquentée et bien peu des rares personnes qui y passent savent que le nom de cette rue est celui d'un marin célèbre du règne de Louis XIV !

La municipalité de Rennes a donné, il y a peu de temps,

(52) Neveu du maréchal et fils de René II de Coëtlogon, vicomte de Méjusseaume.
(53) Notes de l'abbé Piéderrière, ancien curé-doyen de La Trinité-Porhoët.
(54) Notes de l'abbé Piéderrière.

le même nom à l'avenue qui conduit de la route de Saint-Malo au « château de Coëtlogon » devenu école départementale de laiterie. Mieux inspirée que la municipalité de Paris, celle de Rennes a indiqué sur la plaque que Coëtlogon était vice-amiral et maréchal de France et qu'il était mort en 1730.

Ce château devenu, je ne sais comment propriété du département d'Ille-et-Vilaine, s'appelait primitivement *La Lande*. Il était le chef-lieu d'une seigneurie qui fut apportée dans la famille du maréchal de France, le 17 octobre 1536, par le mariage d'Anne le Rouge avec Julien de Coëtlogon. Il fut dès lors connu sous le nom de *La Lande-Coëtlogon;* plus tard on abrégea, le premier nom fut oublié et le second seul subsista. Cette seigneurie fut unie, ainsi que Pleugriffet, la Motte-au-Vicomte, le Chastel, Beaufond et le Gouray à la seigneurie de Coëtlogon, en Plumieux, lors de son érection en marquisat par le roi Louis XIII, au camp « devant » Royan, au mois de mai 1622.

Le nom de Coëtlogon fut donné, dans la première moitié du xix° siècle, à un croiseur de la marine française, depuis longtemps démodé, déclassé et démoli ! Actuellement il est celui d'un obscur bâtiment de transport ressemblant à un petit navire de commerce, lancé en 1920, bien piètre hommage rendu à la mémoire d'un vice-amiral et maréchal de France, chevalier des ordres du roi, brave entre les braves, bon, honnête et modeste entre tous !

Ne serait-il pas à souhaiter, à la veille du deuxième centenaire de la mort de l'un des plus grands hommes de mer du siècle de Louis XIV, que ce nom glorieux fût donné à un navire de guerre comme on l'a fait, si justement, pour Duquesne, Jean Bart, Tourville, Dupleix et tant d'autres ?

Ne serait-il pas équitable de voir inscrit sur un croiseur moderne et rapide le nom du chef d'escadre qui, à la bataille de la Hogue, montant le *Magnifique*, sauva par sa courageuse intervention le *Soleil-Royal* battant pavillon du vice-amiral comte de Tourville aux prises avec *huit* navires ennemis, et leurs brûlots ?

Et alors, nous pourrions voir le *Tourville* et le « *Coëtlogon* » voguant de conserve, comme jadis les deux grands hommes aux temps les plus glorieux de la marine royale, parcourir ensemble les mers du monde pour le plus grand renom de la marine d'aujourd'hui !

La France entière applaudirait à ce beau geste !

La Bretagne en serait magnifiée en la personne d'un de ses plus illustres enfants !

Marquis DE CARNÉ-TRÉCESSON.

SOURCES

Archives de famille (marquisat de Coëtlogon).

Archives Nationales.

Archives départementales (Côtes-du-Nord et Ille-et-Vilaine).

Bibliothèque Nationale.

BERWICK (Maréchal de), duc et pair de France, généralissime des Armées de Sa Majesté. *Mémoires*, à Amsterdam, aux dépens de la Compagnie, 1739.

CHEVILLARD (Jacques), historiographe de France et généalogiste des ordres du Roi. *Généalogie de la Maison de Coëtlogon*, manuscrit provenant du cabinet de M. Le Tellier (ancien cabinet d'Hozier), 1730.

DUSSIEUX. *Les grands marins du règne de Louis XIV. Notices historiques.* Libraire Victor Lecoffre, Paris, 1888.

Etrennes briochines pour 1763. A Saint-Brieuc, chez Jean-Louis Mahé, imprimeur, au bas de la Grande-Rue.

GÉRARD. *Vies et campagnes des plus célèbres marins français.* Chez Cornet aîné, libraire, Paris, 1825.

JORIAUD (Paul DE). *Jean Bart et la Guerre de Course sous Louis XIV.* Desclée, de Brouwer et Cⁱᵉ.

LARREY (M. DE), Conseiller de la Cour et des Ambassades de Sa Majesté le roi de Prusse, *Histoire de France sous le règne de Louis XIV*, 3 volumes, Amsterdam. 1725.

OGÉE. *Dictionnaire historique et géographique de Bretagne.*

TURPIN. *Les Fastes ou Tableau historique de la Marine française.* A Paris, chez Belin, libraire, rue Saint-Jacques, près Saint-Yves, 1784.

SAINT-SIMON (Supplément aux *Mémoires* de M. le duc de) (t. II). A Londres, et se trouve à Paris, chez Buisson, libraire : Hôtel de Coëtlosquet, rue Hautefeuille, n° 20, 1789.

L'EAU DE GAËL

et quelques anciens remèdes contre la rage
en Bretagne

Avant Pasteur que n'avait-on pas tenté pour guérir la rage ? Ce mal terrible et mystérieux doit remonter aux premiers âges du monde ou, du moins au temps où l'homme s'est associé le chien et a mis à profit sa force et ses instincts. Il paraît cependant que la rage fut longtemps presque inconnue en Grèce ; Hippocrate n'en parle pas ; soixante ans plus tard, Aristote en fait mention dans son *Histoire des Animaux*, tout en la considérant comme une maladie que l'homme ne serait pas susceptible de contracter.

A Rome, la rage fut connue longtemps avant le premier siècle de notre ère et Celse en donne une définition et une -description parfaites. Il est reconnu que le traitement des blessures rabiques qu'il avait institué était remarquablement apte à son but et si complet que, depuis ce temps jusqu'à Pasteur, on n'avait pu trouver mieux. Le traitement préventif de la rage consistait pour Celse à recourir à trois moyens radicaux : l'*extirpation*, la *cautérisation* par le feu ou par certains caustiques, ou enfin la *succion* directe avec la bouche, suivant l'organisation et la place des parties blessées. De plus, une fois le mal *déclaré*, Celse croyait encore pouvoir le guérir en préconisant comme moyen unique de jeter inopinément les malades dans un bain d'eau froide, et, s'ils ne savaient pas nager, de les laisser couler à fond, en ayant soin de les ramener à temps à la surface pour les plonger à nouveau, afin, disait-il, « qu'ils puissent boire malgré eux, et qu'ainsi on les délivre tout à la fois et des tourments de la soif et de la terreur de l'eau ». Puis, après cette immersion violente, et pour en contre-balancer les effets, Celse recommandait de plonger les patients dans un bain d'huile chaude.

Après cet illustre médecin, personne n'a trouvé meilleur préservatif à la rage, ou plus simple remède à sa guérison, une fois déclarée. Cependant, depuis dix-huit siècles, que n'a-t-on pas écrit à ce sujet ? Quel amas de livres consacrés à l'étude de ce mal terrible, et quelle collection d'idées saugrenues, insensées même parfois, dans un grand nombre de ces ouvrages, depuis celui de Pline qui sert de réceptacle à toutes les recettes connues de son temps, jusqu'à ceux qui ont vu le jour, même au siècle dernier ! Beaucoup de ces recettes sont innocentes sans doute; mais il y en eut dans le nombre, qui, loin de conjurer le mal, devaient avoir pour conséquence presque infaillible d'inoculer le poison, à doses quasi massives, aux malheureuses victimes de cette médication insensée. Et cependant, ces folles pratiques se perpétuaient d'âge en âge, témoignant ainsi du défaut de jugement et de la crédulité servile de tous les médecins.

L'ignorance où l'on fut longtemps du mode de *transmission du virus* de la rage jetait le peuple dans des terreurs incroyables. Il est avéré aujourd'hui (et cela depuis plus d'un siècle), que cette transmission ne s'opère que par la seule bave du chien et par une plaie. Mais, jadis, on avait cru et enseigné que le virus rabique se transmettait par le sang, par le lait, par les sueurs, par la chair des animaux morts de la rage, et même que celle-ci pouvait parfois être spontanée chez l'homme. On avait même enseigné que le virus rabique pouvait se transmettre par l'atmosphère; et c'est de là que serait venue cette coutume barbare, qui a persisté jusqu'au siècle dernier, d'étouffer entre deux matelas les malheureux atteints de la rage... La peur qu'inspiraient encore, à la fin du xviiie siècle, les hydrophobes et leurs émanations donna lieu à des scènes parfois comiques dont on trouve maint exemple dans les auteurs du temps. De nos jours, il est prouvé que l'haleine du malade ne peut transmettre le virus à autrui. Mais quelles terreurs éprouvaient jadis ceux qui devaient prendre soin d'un malheureux atteint de la rage ! Un exemple, en passant, prouvera ce que nous avançons.

En 1784, un savetier, mordu par un chat, avait succombé à l'Hôtel-Dieu de Paris. Malgré la résistance des religieuses, le médecin Saviard, aidé de son frère, médecin aussi, fit l'ouverture du corps. « Cette autopsie, écrit-il lui-même, mit tout l'hôpital en mouvement : les bonnes sœurs se crurent menacées de la rage, ainsi que toutes les personnes qui avaient assisté à l'ouverture du corps. M. le chevalier de Pontcarré, qui en était, fit le voyage de Dieppe, pour être plongé dans la mer. Les dames religieuses prièrent M. de Grancey, archevêque de Rouen, de venir guérir, par l'application d'un *remède secret* qui lui était particulier, et dont il cachait soigneusement la composition; et comme il fallait que cette application se fît à jeun, et que la composition du remède devait être réitérée pour chaque malade, il était trois heures de l'après-midi, avant que les dernières guéries pussent manger. Cependant, ces dames n'étaient pas encore revenues de leur crainte par cette mystérieuse opération; elles firent venir le chevalier de Saint-Hubert qui nous toucha tous, et nous préserva de telle sorte qu'aucun de nous n'a eu dans la suite aucune atteinte de ce mal [1] ».

Nous n'essayerons pas d'énumérer tous les remèdes curieux, parfois barbares, d'autres fois inoffensifs que l'on employait partout. Nous citerons cependant la médication préconisée dans un livre publié à Rennes en 1578 par un médecin de quelque célébrité, Roch Le Baillif [2]. Cet élève

(1) SAVIARD, ancien maître-chirurgien de l'Hôtel-Dieu et juré de Paris (*Dictionnaire encyclopédique des Sciences médicales*, 3ᵉ série. t. II, 196).

(2) Sur Le Baillif et sur ses travaux en Bretagne, voir A. DE LA BORDERIE dans les *Archives du Bibliophile breton*, t. III, p. 33-44, 129-136; F. JOÜON DES

du fameux Paracelse, alchimiste suisse, chassé de Paris où il faisait, dit-on, grâce à ses remèdes cabalistiques, des cures merveilleuses, était venu se réfugier à Rennes et y devint bientôt médecin du Parlement. Or, Roch Le Baillif avait imaginé un remède très simple pour combattre la rage. « Il est certain, dit-il, dans son livre Le *Démostérion* [3], que les mots ISIRIORI, RIRIORI, ASSERA RHUDER FERE, escripts sur un morceau de pain et donnez à manger, est remède à la morsure d'un chien enragé ». Il en avait un second (pour le temps des fruits sans doute). « Aultres font en cette sorte, dit-il : HAX, PAX ,MAX, DEUS ADIMAX, et l'escripvent sur un morceau de pomme ». J'ignore si Roch Le Baillif avait réussi à guérir par ces formules beaucoup d'hydrophobes, mais il est certain que la recette en était plus agréable que la tête ou le foie crus de l'animal enragé recommandé par d'autres médecins.

Le peuple, porté dès toujours à la superstition, ne pouvait manquer de s'y adonner en face de ce mal terrible. Et, en effet, l'on voit partout la crédulité populaire demander à certaines pratiques ou rites soi-disant religieux la guérison de la rage. Ces pratiques, superstitieuses tant qu'on le voudra, avaient du moins l'avantage de *rassurer* les personnes mordues, de *relever leur moral,* et de les délivrer de l'effroyable *cauchemar* dont elles étaient accablées. On a plusieurs fois décrit les rites usités dans la célèbre chapelle de Saint-Hubert dans les Ardennes : « Il n'y a pas à protester, dit un auteur, au nom de la science et de la raison contre ces pratiques. La raison doit avouer, au contraire, qu'elles constituent *un traitement moral* qui ne laisse

LONGRAIS, *Information du Sénéchal de Rennes contre les Ligueurs*, 1589, dans les *Mémoires de la Société archéologique d'Ille-et-Vilaine*, t. XLI, 1911, p. 269-271; G. BAUDRE, *Les singularités de la Bretagne Armorique*, dans le *Bulletin de la Société géologique de Bretagne*, t. VI, 1925 p. 189 à 202.

(3) P. 115 de *Le Demosterion de Roch Le Baillif, edelphe medecin spagirique...* A Rennes, pour Pierre Le Bret, libraire, imprimé par Julien du Clos, 1578.

pas d'avoir son importance; et quand même saint Hubert
ne réussirait après tout (à l'aide de sa clef d'or, de son étole
et de sa châsse), qu'à *délivrer* ceux qui ont foi en lui de tous
les tourments, de toutes les tortures, de ces affres mortelles
auxquels ils sont en proie pendant toute la période d'incubation, il y aurait lieu de reconnaître le pouvoir bienfaisant
de ce saint, ou, pour mieux dire, de son culte », et de le
remercier de tant de services rendus à tous ces malheureux
qui avaient mis leur confiance en lui. Et nous en dirons
autant des autres saints, par exemple, saint Tugen, près
d'Audierne, auxquels s'adressaient jadis les pauvres hydrophobes. C'est la foi qui sauve, dit-on. Souvent, c'est bien
vrai. Ne pourrait-on pas en dire autant aujourd'hui encore
à propos de beaucoup de remèdes de la Faculté ?...

*
* *

Des personnes qui se vantaient d'appartenir à la famille
de saint Hubert prétendaient posséder le pouvoir de guérir
la rage. Le 31 juillet 1655, un certain chevalier de Saint-
Hubert présenta, aux Etats de Bretagne, une requête portant qu'il avait « pleu à Dieu luy octroyer la grâce de guarir
ceux qui sont malades en les touchant au chef en l'honneur
de Dieu, de la Vierge et de Monsieur de Saint Hubert de
la race duquel il a l'honneur d'être issu... »; il assurait
qu'il avait guéri à Vitré sept personnes mordues par des
chiens enragés et il concluait en demandant aux Etats de
lui octroyer une pension viagère de 1.200 livres et de faire
construire à Rennes une chapelle dédiée à saint Hubert. On
lui donna seulement une somme de 200 livres [4].

Des statues de saint Hubert placées dans de nombreuses
églises et des chapelles érigées sous son vocable attestent
que son culte s'étendit dans la plus grande partie de la
Bretagne. Les malheureux qui craignaient d'être atteints

[4] Archives d'Ille-et-Vilaine, C. 2779.

de la rage et qui ne pouvaient aller jusque dans les
Ardennes, se rendaient dans une chapelle moins éloignée.
On lit dans le livre de compte de Jean Berthou, conseiller
au Parlement : « Le dimanche 7ᵉ May 1634, nous partismes
de Rennes, mon fils René et moy pour aller à St Hubert au
port d'Establchon à demy lieue de Chateauneuf pour faire
voyage à cause de la morsure du chien au doigt dudit René
Berthou, allasmes coucher à Dinan, le lendemain ouïr la
messe à St Hubert (que …Briand, prestre, nous dist; nous
l'avions mené du Pont de Dinan). Puis de là allasmes, le
lundy 8 May, coucher au *Cheval Blanc* à St Malo... *Quod
faustum felixque sit* [5] ». Le livre de compte ne portant pas
d'autre mention, de la maladie du jeune René Berthou, on
doit penser qu'il fut guéri de son mal réel ou imaginaire.

Mais notre but n'est pas de passer en revue tous les sanc-
tuaires fréquentés par les malades, ni d'énumérer toutes les
recettes inventées par la science aux abois. Nous voulons
seulement parler ici de certains remèdes populaires, absolument étrangers à la Faculté, qui ont eu vogue en Bretagne aux deux derniers siècles. Le plus connu fut sans
contredit l'*Eau de Gaël*. dont nous parlerons en dernier lieu.
Nous en connaissons au moins trois autres, dont l'histoire
est également intéressante. C'est par eux que nous allons
commencer.

Remède de M. de Muzillac. — Au mois de juin 1777,
l'Intendant de Bretagne fit imprimer la formule d'un remède
contre la rage, qui lui avait été remise par M. de Muzillac,
lequel le tenait de ses ancêtres et le présentait comme

---

(5) Arch. d'Ille-et-Vilaine, E, liasse 143 du fonds de la Bourdonnaye-Montluc.
— La chapelle Saint-Hubert, détruite avant la Révolution, a laissé son nom
au village de Port-Saint-Hubert, commune de Plouer (Côtes-du-Nord), en face
de Port-Saint-Jean, commune de la Ville-ès-Nonais (Ille-et-Vilaine); le nom de
Stablon ou Establon qui désignait jadis ce passage de la Rance n'est plus
en usage.

éprouvé et très sûr. Des exemplaires de l'imprimé furent envoyés aux différents subdélégués de la province, avec ordre de les faire passer aux *Recteurs* des paroisses les plus étendues, « afin qu'ils en publient la recette, et qu'ils la communiquent à toutes les personnes qui désirent l'avoir ». Dès le 23 juin, le subdélégué de Lesneven, M. Lefeuvre, accusait à son chef réception de six exemplaires de l'imprimé qu'il venait de recevoir; et il ajoutait : « On connaît ici une autre recette bien moins compliquée, et dont les effets sont assurés depuis bien des années. Les simples dont cette recette est composée sont très connus en ce pays-ci, et il s'en trouve en grande quantité. J'ay donc crü à propos, Mgr, de vous faire passer ce remède; il seroit bien à désirer qu'il fût connu de tout le monde. Le Recteur qui m'en a remis une coppie, m'a dit que son frère qui s'en étoit servi, avoit été bien guéri, et l'on pourroit citer bon nombre de guérisons faittes en ce canton-ci par M. Le Veyer qui en fait usage depuis longtemps ». M. Lefeuvre joignait à cette lettre la composition du remède en question, en faisant remarquer combien il était plus facile à faire que l'autre « dans lequel il se trouve des simples très rares ou presque inconnus dans ce canton », et en priant Mgr l'Intendant « au cas où il jugeroit à propos de les faire imprimer, d'exhorter MM. les Recteurs ou à connaître les simples, ou à s'en procurer », affirmant que la chose était fort aisée. Voici quelle était la composition de ce remède, « pratiqué depuis longtemps dans l'Evêché de Léon et toujours éprouvé avec un heureux succès tant sur les hommes que sur les bêtes » :

« I. — *Recette.* — La ruë, sans racine; la sabine, id.; la valériane, id.; la pimprenelle, id; la petite sauge, id.; la corne de cerf, avec racine; la camomille, id.; la marguerite sauvage, id.; le polipot de chêne, avec racine, sans feuille; le lierre terrestre; la mante des prés; une teste d'ail; une poignée de sel.

» Il faut piler douze coquilles d'huîtres et les réduire en poudre, et mêler cette poudre aux simples avant de les piler.

» II. — *Manière d'user de ce remède.* — Après avoir bien pilé les susdittes drogues, on les fait infuser dans une chopine de vin blanc, au moins pendant 12 heures, dans un vase qu'on couvre bien proprement. On prend le remède en trois fois, pendant trois jours consécutifs, un gobelet chaque fois, et toujours à jeun. Chaque fois qu'on prend le remède, il faut passer le tout dans un vieux linge qui ne soit pas trop serré, et remettre ensuitte les simples dans le vase; et, aussitôt le remède pris, il faut courir beaucoup, et suer abondamment; et, quand on est bien fatigué, il faut se mettre de suitte au lit et y demeurer bien chaudement pendant une heure et demie; après quoy on change de linge, on peut se lever et déjeuner. Il ne faut pas manger de laitage pendant qu'on fait usage du remède. — Si le malade a quelque playe, il faut la gratter jusqu'au sang avec un morceau de verre, la laver avec le remède et y appliquer du mar. — Il est dangereux de panser les playes quand on a quelques contusions aux mains, comme coupures, égratignures etc.; il faut se servir de gans, ou faire le malade se panser lui-même ».

Le subdélégué de Lesneven, malgré sa recommandation de « neveu du sieur Roulland, qui était depuis six ans syndic à Landivisiau », n'eut pas le plaisir de voir agréer son remède. Dès le 3 juillet, en effet, l'Intendant lui écrivant pour le remercier de son envoi, ajoutait « que les simples qui sont contenuës dans la recette étant les mêmes que ceux portés dans celle qu'il luy avoit envoïée, et qu'il a répanduë dans toute la province », il ne la feroit point imprimer.

Voici la composition de ce remède de M. de Muzillac, recommandé par l'Intendant :

« I. — *Recette.* — Une poignée de grosse sauge, une de sauge menue, une de ruë commune, une de ruë-chèvre, une de sabine, une d'absinthe, une de bétoine, une d'angélique roïalle, une d'ortie roïalle, une de passe-rage, une de marguerite sauvage, une de polipot de chêne, une de mélisse, une d'écorce et racine de rosier sauvage, une de pomme de rainette sauvage, une teste d'ail, — un porreau avec ses barbes; poignée de gros sel.

» II. — *Composition.* — Faire couper et hacher tout ce que de l'autre part; le mettre en un pot verminé avec une choppine de vin blanc et une de vinaigre; le laisser tremper et infuser pendant 24 heures; faire saigner le malade la veille qu'il prendra le remède; et, après les 24 heures d'infusion, le faire passer par un linge, et en donner ensuitte une choppine à boire au malade à jeun, et à qui on ne permettra de manger que quatre heures après avoir pris le remède.

» Nota. — 1° On fait prendre une choppine de cette liqueur composée aux hommes et aux femmes, ainsi qu'aux bœufs, vaches et chevaux, et une demi-choppine seullement aux chiens et aux plus petits animaux.

» 2° Ces animaux doivent être aussi saignés la veille et ne pas manger dans la nuit précédente. La saignée se fera à l'oreille gauche de l'animal, et on la fend pour la faire saigner.

» 3° Il ne faut jamais faire user de ce remède aux femmes enceintes.

» 4° Et, si on le donne à des enfants, on diminuera la dose à proportion de leur âge.

» Observations. — On est bien fondé à annoncer au public, et à tous ceux qui par état s'empressent de le secourir et le protéger, que ce remède pour guérir la rage est *indubitable.* Depuis plus de cent ans qu'on le pratique au château de Pratulo, MM. de Muzillac s'en transmettent la recette et l'usage de père en fils [6]; et, non-seulement ils

(6) Le château de Pratulo (commune de Cléder-Poher, Finistère) appartenait à la famille de Musuillac ou Muzillac depuis le commencement du xviiᵉ siècle

guérissent tous ceux qui ont été mordus, qui demandent ou qui se présentent, mais encore ils communiquent et distribuent de toutes parts ce remède contre la rage. Tous ceux qui désirent en avoir la recette et la composition sont également admis à les demander; on les leur donne avec la même affection; et on est si convaincu de la bonne volonté de MM. de Muzillac, qu'on continue à leur écrire de toutes parts pour envoyer ce remède dans différentes provinces du Royaume, à l'étranger, à Malte et autres lieux.

» Mais, dans la crainte que ce remède n'ait pas été suffisamment annoncé dans la province de Bretagne, M. de Muzillac a proposé à M. Caze de la Bove, Intendant de laditte province, de lui envoyer une coppie fidèle du même remède déposé dans les archives, et la manière d'en user dans tous les temps vis-à-vis des personnes de tout sexe et de tout âge. M. de la Bove ayant accepté ses offres, et toujours jaloux de faire le bien et de venir au secours de l'humanité par tous les moyens possibles, il a prié M. de Muzillac de tenir sa promesse et de le mettre à même d'annoncer son bienfait. C'est donc pour satisfaire M. de la Bove que M. de Muzillac lui envoie tout ce qu'il exige. Il y trouve un double avantage, et il n'a rien de plus empressé.

» *Guérisons.* — On ne chargera pas ce Mémoire de toutes les guérisons que ce remède a opérées. Il a suffi à la maison de Pratulo d'en conserver les notes et les époques par succession, depuis plus de cent ans; et il est peu de personnes dans la Basse-Bretagne qui ne s'empressât de certifier la vérité. On se bornera donc aux exemples les plus récents.

» En 1770, un chien enragé ayant cruellement mordu deux enfants, garçon et fille, dans un village aux environs

par héritage de la famille du Glas. En 1777, le châtelain était le comte François-Gabriel-César de Muzillac, capitaine des vaisseaux du Roi, chevalier de Saint-Louis (Comtesse DU LAZ, *Généalogie de la maison Jegou du Laz,* Vannes, 1897, in-8º, p. 186).

de Gourin, M. de Muzillac, qui ne fut prévenu que le 7ᵉ jour, fit aussitôt faire son remède et accourut en personne pour le faire prendre à ces deux enfants, qu'il trouva dans un état pitoyable, mordus aux mains, au visage et aux autres parties du corps. La mère s'opposa à ce que son fils prît le remède, et il mourut quelques jours après. La fille, au contraire, se rendit aux pressantes sollicitations de M. de Muzillac qui se chargea de pourvoir à tous ses besoins; et en très peu de temps elle recouvra la santé. Elle était alors âgée d'environ dix ans; on l'a mariée depuis, et elle a eu des enfants.

» Précédemment, un gros chien enragé fit les plus terribles ravages en la ville de Carhaix. Il y mordit et déchira deux jeunes gens et un homme marié. Un des juges écrivit sans différer à M. de Muzillac, le père, qui l'instruisit sur tout ce qu'il falloit faire, en envoyant la plupart des simples qu'on cultive soigneusement à Pratulo. Le juge chargea aussitôt un chirurgien de la composition. L'homme et un des garçons, qui étoient restés en ville, prirent le remède et furent radicalement guéris; l'autre jeune homme, presque toujours errant, ne put rien prendre ou très imparfaitement, et il mourut enragé. Des deux autres, l'un vit encore; l'homme marié a survécu très longtemps, quoique parfaitement yvrogne ».

⁂

Tel était l'imprimé envoyé de tous côtés en Bretagne par M. l'Intendant. Cependant, M. de la Bove voulut avoir l'opinion d'un médecin compétent, et il demanda l'avis de M. Lassone, premier médecin du Roi. L'homme de l'art lui répondit le 8 mars 1777 :

« Monsieur, quoique la composition de ce remède, sur lequel vous me faites l'honneur de me consulter, paroisse

bien compliquée par le grand nombre de drogues qui y
entrent, on ne doit le juger *que d'après l'expérience*. Or,
les épreuves de ce remède en ayant constaté l'efficacité,
c'est un service à rendre que de le publier. Je pense donc,
Monsieur, que vous démontrerez le zèle que l'on vous connoit
pour le bien public, en faisant imprimer cette recette, qui
vous a été communiquée si généreusement, et en la répan-
dant. C'est un nouveau secours ajouté à ceux qui sont déjà
connus, et qu'on ne saurait trop multiplier... J'ai l'honneur
d'être, etc. — LASSONE ».

A vrai dire, cette consultation n'était pas compromettante,
et le dernier médecin de Basse-Bretagne aurait bien pu en
dire autant; mais, venant du médecin royal, elle dut faire
grandement plaisir à son destinataire, qui, comme le disait
si élégamment M. Lassone, n'ajoutait qu'un essai de plus
à tous ceux que l'on tentait depuis si longtemps contre le
terrible mal qui désolait alors nos cantons.

*
* *

Six ans plus tard, l'Intendant de Bretagne était sollicité
d'ajouter à la liste officielle un remède nouveau. De son
château de Kerplas, dans la paroisse de Larré, près Elven,
Mlle de Talhouët [7] lui écrivait les lignes suivantes, que nous
tâchons de reproduire en leur style défectueux et avec leur
orthographe détestable :

Kerpla, ce 3 janvier 1783.

» Monseigneur, voilà les sertifica que vous savé désiré
à voirre, que la Keraudé vous donnera. Vous verré par là
que ce remède est très ancien et très lontan que j'en ai traité
avec grand succèz, Dieu édan. Vous désirez connoître la

<hr>

(7) Marie-Charlotte de Talhouët, née en 1716, était la fille aînée de François-
Antoine de Talhouët-Bellon (1682-1740) et de Perrine-Françoise du Hindreuff;
en 1791, elle vivait encore, sans alliance, au manoir de Kerplat en Larré
(canton de Questembert, Morbihan). Voir la *Généalogie de la maison de
Talhouët* par BOISLISLE; Paris, 1869, in-4°, p. 46-47.

copeix de mon remède. Je suis prez de vous l'envoïer, même les simples qui le composent, et de vous expliquer comment on sensère; mès je désire aux paravan que je seré asseuré que l'on me ferez quelque *gratificasion*, et que l'on m'asseuré quelque chose. De peuis cisan, l'on m'a fait toujourre fournirre des sertifica. Dans le premier que l'on en exigé de moi, la Cour fut heureuse des bons succès de mon remède; je savè cela. Je enneu envoié plus que l'on en demendeu à deux fois sans que l'on menna donné aucune nouvelle. Je seust, Mgr, déjà l'honneur de vous le mendeu. Toutes sest recherche ne lesè pas que de me couteu tant que en pourra de l'estre et de... (illisible).

» Si Monseigneur, par votre moïen, votre bienvelence pour moi dès les éta où vous êtes, vous me feriés accorder quelque chouse poste par poste, je vous feré pacer mon remède. Mais si je ne suis seûre de rien, peut-être comme je nè très peut de fortune, peut être seréje aubligée de venir à estre obligée de ferre les jances qui vienne me trouver de leur me ferre mépçin. Egallement, Mgr, l'on madit que vous disritbueux des remèdes et des médecinnes pour les jances de la campagne; il seré bien utile pour moy que je en euse. Quoique je traité de la rage, jé eu tous les jours ma maison pleine de mondes à leur fournir ongan pour pancé leurs plés, les trétez de toute espèce de maladye. Je mi prêtes autans qu'il mez possible à éder à l'eumanité. Insi, Mgr, je mé recommande à vos bonnes intansion pour moy. Si vous voulés bien monorer de votre bienvilance, je me trouveré bien eureuse. Si vous voulé bien vous intéresser à moy. Sé la grâce que je vous demande en vous prian de recevoir dun profond respect avec laquelle jé l'honneur d'estre, Mgr, votre très humble et très aubéissante servante.

De Talhouët ».

On voit, par cette lettre, que depuis quelque temps déjà l'Intendant était en correspondance avec la bonne et pieuse demoiselle dont la charité dépassait les ressources et surtout l'instruction, mais jusqu'alors, l'Intendant avait fait la sourde oreille à ses pressants appels de fonds. M. de Muzillac avait offert jadis son remède *gratis;* et le subdélégué de Lesneven n'attendait que le moment de faire agréer le sien. Comme, cette fois, il fallait payer, M. de la Bove hésitait, surtout à la vue du style et de l'orthographe de la naïve demoiselle qui décelaient une ignorance vraiment trop réelle et faisaient mal augurer de sa science médicale. Enfin, il ouvrit la liasse des certificats que lui envoyait Mlle de Talhouët, et qu'il réclamait depuis quelque temps déjà. Voici ce qu'il put lire :

« J. M. J. Je certifie à qui il appartiendra que Mlle de Talhouët-Béclon, de Kerplack, en cette paroisse, évesché de Vannes, en Bretagne, donne et distribue depuis nombre d'années un remède excellent qui a la vertu de guérir la rage, et les hommes et les bêtes. Fait à Larré, le 22 décembre 1782. J. ROPERT, Recteur de Larré ».

« Je soussigné certifie que Mlle de Talhouët-Beelon a traité avec le plus grand succès, depuis plus de 40 ans, plusieurs personnes et bestiaux mordus par les loups et chiens enragés; même des personnes qui ont eu des attaques de rage ont été guéries radicallement par ses remèdes. En foy de quoy je signe le présent certificat. A Rhedon, le 20 décembre 1782. — COLLOBEL DU BOT ».

« Je soussigné certifie que Mlle de Talhouët a traité et journellement avec le plus grand succès des personnes mordues par des chiens enragés. En foy de quoy je lui ai délivré le présent certificat. A Vannes, ce 11 décembre 1782. — DE LA LANDELLE ⁽⁸⁾ ».

Des attestations aussi formelles et aussi élogieuses étaient signées par MM. Gombaud, Bayer et J.-P. Le Digabel,

---

(8) Les signataires de ce certificat et du précédent étaient des parents ou des alliés de Mlle de Talhouët; sa mère était remariée à Armand-Paul de la Landelle de Roscanvec; son frère Hyacinthe-Charles était l'époux de Marie-Françoise-Geneviève de Collobel du Prédy (*Généalogie de Talhouët*).

recteurs d'Elven, de Molac et de Saint-Nolff, par M. de
Beauchesne, chevalier de Saint-Louis, demeurant à Tal-
houët en Questembert, et par M. François-Auguste Le
Métayer de Poulpry, résidant à Nantes.

Ainsi, prêtres, nobles et bourgeois s'unissaient pour
vanter les succès du remède de Mme de Talhouët. Malheureusement, nous n'avons pu savoir si l'intendant finit par
l'agréer et le recommander officiellement, comme celui de
M. de Muzillac. Les archives de l'intendance de Bretagne
ne possèdent pas d'autres documents sur cette affaire.

D'ailleurs, un autre remède, tout différent des premiers,
bien plus simple et plus aisé, étendait alors sa vogue en
Bretagne et au loin dans tout le royaume : c'était l'*Eau de
Gaël* (9), dont la composition — ou plutôt la bénédiction —
est un secret jalousement gardé par les différents recteurs
qui se sont succédé depuis cent soixante ans dans cette
paroisse. Ce secret remonte au milieu du xviii° siècle; il
fut laissé par un prêtre de Gaël au recteur alors en charge,
M. Guillot-Duchêne, qui le transmit à son successeur. La
Révolution ne le fit point disparaître : le recteur d'alors,
M. Mathurin Clouët, passa les mauvais jours de la tour-
mente caché dans les villages de Gaël et de Muel, gardant
avec soin le fameux secret, s'en servant peut-être même à
l'occasion; et, quand il fut réinstallé dans sa curé en 1803,
il le possédait toujours; quand il mourut, en 1805, ses précautions étaient prises pour que son successeur fût initié
à son entrée en fonctions. Depuis lors, chaque nouveau
recteur le reçoit de son prédécesseur et le conserve avec
soin pour le transmettre aux autres. M. l'abbé Delaunay,
recteur de 1920 à 1927, écrivait dans son *Bulletin paroissial*

(9) Commune du canton de Saint-Méen-le-Grand, arrondissement de Montfort
(Ille-et-Vilaine).

du mois de mai 1920, quelques semaines après son entrée
en charge : « Le secret existe vraiment; il m'est arrivé
directement de mon prédécesseur comme mon prédécesseur
l'avait reçu directement lui-même... Le secret existe : je
l'ai vu; les Recteurs de Gaël ont un secret contre la rage,
je l'ai entre les mains... Malheureusement, je ne puis pas
vous le dire, parce que si je vous le disais, le secret des
Recteurs de Gaël n'existerait plus, parce que jamais, jamais
il n'a été dit : les Rois de France, les Evêques ont essayé
de le savoir, et ils ne l'ont pas su; pendant la Révolution
de 1848, un commissaire de la République le demanda
dans des termes assez déplacés, au Recteur de Gaël d'alors,
le Recteur lui répondit fièrement : Monsieur, les Révolutions
ont dépouillé les Recteurs de Gaël d'assez de privilèges
pour qu'ils gardent au moins celui-là ! »

De qui vient donc ce fameux secret ? Il est difficile de le
savoir aujourd'hui. Le recteur de Gaël racontait, en 1763,
dans une lettre à un prêtre de Vannes, comment il avait été
mis en possession de ce remède; mais il ne donnait pas le
nom du prêtre qui le lui avait confié, et s'en servait déja
depuis quelque temps. Nous avons relevé, aux registres
paroissiaux de Gaël, les noms des prêtres morts en ce lieu
sous le rectorat de M. Guyot-Duchène, de 1735 à 1786; nous
y avons trouvé les noms suivants :

1° Noble et discret prêtre missire Gilles-Paul Bahier,
demeurant dans la ville de Gaël, mort le 28 janvier 1745,
à l'âge de 57 ans, « inhumé dans l'enfeu de trois livres de
l'église de Gaël »;

2° Noble et discret missire Guillaume Guyomard, originaire de Paimpont, demeurant depuis longtemps à Gaël,
« dans sa maison à la Motte, près de cette ville, décédé le
27 septembre 1748, fut inhumé dans cette église de Gaël,
dans les tombes au-dessous du balustre de la sacristie »;

3° Missire René-Julien Clouët, sieur du Bois-d'Harant,
« demeurant à sa maison de St-Symphorien, inhumé le

9 septembre 1750, à l'âge de 53 ans, dans l'église de Gaël »;

4° Noble et discret Yves Desbois, prêtre, âgé de 42 ans, « demeurant en sa maison du Louyat, fut inhumé le 9 février 1751 dans l'église de Gaël ».

C'est à l'un de ces quatre prêtres que l'on doit attribuer l'origine du secret. Mais aucune indication n'a pu jusqu'ici permettre de distinguer l'auteur.

*
* *

C'est en 1762 qu'on trouve mention du remède pour la première fois. Derrieux de la Turrie, *subdélégué* à Dol [10], écrivait de cette ville, le 26 juin, à Védier, subdélégué de Plélan :

« Monsieur, il me semble que ce qui intéresse l'humanité devroit être si cher à tous les hommes, que je ne puis voir qu'avec une espèce d'indignation ceux d entre eux qui cachent avec le plus grand soin et ensevelissent même souvent avec eux des secrets dont la connoissance, si elle étoit publique, serviroit à la conservation de leurs semblables : de ce nombre est le Recteur de la paroisse de Gaël (vulgó *Gayë*), dans l'Evesché de St-Malo, située du costé de Moron. Ce Recteur, Monsieur, sçait un remède contre la rage qu'on assure absolument efficace; mais, à l'exemple d'un prestre de la mesme paroisse de qui il le tient, et qui, pendant qu'il a vécu, a refusé inhumainement d'en apprendre la composition à qui que ce soit, il ne veut le communiquer à personne. Je crois donc, Monsieur, qu'il seroit aussi digne de votre façon de penser que de la plasse que vous remplissés, d'engager ce bon Recteur à vous déclarer son secret qui n'aurait jamais dû en être un.

« On dit qu'il ne refuse point son remède à ceux qui sont dans la triste nécessité de recourir à lui. Mais, sa

---

(10) Derrieux, mort à Dol en 1739, à 83 ans. « Il jouissait dans notre ville d'une grande considération », dit Y. de la Plesse (DUINE, *Hist. de Dol*, p. 187).

charité ne peut toujours estre que resserrée dans des bornes trop étroites, puisqu'il n'y a peut-être pas la millième partie des habitants de la province qui sache qu'il est dépositaire de ce précieux trésor, dont la connoissance est d'autant plus à désirer, qu'il doit estre à la portée des plus pauvres comme des plus riches. Ce qui me le fait juger tel, c'est que le prestre qui le luy a transmis n'étoit pas opulent, à beaucoup près, et qu'il l'a donné à un très grand nombre de personnes *sans en avoir jamais retiré un liard*. Il doit estre d'autant plus simple qu'il ne change rien au goût ny même à la couleur de l'eau de fontaine dans laquelle il se prend. Voilà exactement ce qu'on m'a dit et ce qu'on m'a donné pour certain. Croyés-vous, Monsieur, que cet honneste homme de Recteur refuseroit de vous dire son secret, si vous le luy demandiés. En tous cas, s'il oublioit assés ce qu'il doit à Dieu et aux hommes, pour vous le refuser, ne pourriès-vous point faire agir l'authorité du Ministre pour le luy arracher, et, en le rendant public dans la paroisse et ailleurs, rendre à l'humanité le plus important service ?

« Je prevois assés qu'auparavant de rien faire, vous voudrés prendre les informations nécessaires pour savoir si le remède du Recteur de Gaël est tel que je viens de vous l'annoncer, c'est-à-dire *éprouvé* et *absolument efficace*. S'il ne l'étoit pas, j'aurois d'autant plus lieu d'estre surpris, que différentes personnes des environs de Gaël, que je regarde comme très dignes de foy, me l'aient donné pour certain.

» J'ay l'honneur d'estre, avec respect..., etc. — DERRIEUX DE LA TURRIE ».

Quatre jours plus tard, Védier répondait de Plélan à Derrieux, lui promettant de prendre ses informations à propos de ce remède, dont il avait déjà entendu parler. Et le même jour, il envoyait la lettre suivante au Contrôleur général.

« Monseigneur, il y a quelque temps déjà que je sçais que le Recteur de Gaël, près Plélan, en Bretagne, a un remède sûr et éprouvé contre la rage. Ce Recteur tient la composition de ce remède d'un prêtre de la même paroisse qui n'a jamais voulu le communiquer qu'à lui seul; et, à son example, le Recteur refuse constamment d'en apprendre la composition à qui que ce soit, même à ses plus intimes amis et aux personnes de la première distinction. Il est vray qu'*il le distribue gratuitement* à toutes les personnes qui se trouvent dans le cas d'en avoir besoin. De ce côté-là, il n'y a aucun reproche à luy faire. Mais cela paraît d'autant moins suffisant pour le bien et la conservation de l'humanité, qu'outre que ce Recteur peut mourir avec son secret, il résulte bien des inconvénients de ce que le remède en question demeure à la connoissance et à la disposition d'une seulle personne. Il m'a donc parû, Mgr, que je dois avoir l'honneur de vous en rendre compte et de vous supplier de m'honorer de vos ordres à ce sujet. Je suis avec res-pect... etc. — VÉDIER ».

Dès le 18 juillet, Védier recevait la réponse.

« A Versailles, ce 16 juillet 1762.

» Monsieur, par votre lettre du 20 du mois passé, vous m'observés que le Recteur ou curé de la paroisse de Gaël, près Ploermel en Bretagne, est possesseur d'un remède sûr et éprouvé contre la rage, etc., etc..., mais qu'il est à craindre qu'il vînt à mourir sans avoir appris à personne ce secret. Votre avis m'a paru mériter attention; et, en conséquence, je vous charge expressément de faire tout ce que vous croirés utile pour engager cet ecclésiastique à donner la composition de son remède, en luy faisant espérer une récompense du Roy; et pour cet effet, il s'agit de savoir ce qu'il pourroit désirer. Vous aurés soin de m'en faire part, en m'envoïant des attestations sur les guérisons opérées par

ce remède, afin que je puisse en rendre compte à Sa Majesté
et vous faire part ensuite de ses intentions à ce sujet.

» Je suis, Monsieur, votre tres humble et obeissant serviteur. — BERTIN ».

La chose allait au gré de M. Védier. Il s'agissait donc
d essayer d'arriver à connaître le secret. Le subdélégué
tailla sa plume pour écrire au recteur de Gaël :

« Rennes, ce 20 juillet 1762.

» Le Controlleur-général ayant été informé, Monsieur,
que vous possédés un remède sûr et éprouvé contre la rage,
dont vous tenés la composition d'un prestre de votre paroisse
qui est mort sans le communiquer à aucun autre, le Ministre
vient de me charger, par sa lettre du 16 de ce mois, de vous
demander de sa part la composition de votre remède et les
attestations que vous pouvés avoir sur les guérisons opérées
par ce remède; et il me mande de luy envoyer le tout, afin
qu'il puisse en rendre compte au Roy. Je suis persuadé,
Monsieur, que le bien de l'humanité et le zèle que vous avés
toujours témoignéé pour sa conservation par la distribution
gratuite de ce remède, sont d'assès puissants motifs pour
vous engager à me mettre au plus tôt en état de satisfaire
à ce que M. le Controlleur-général désire à cet égard.
Cependant, je ne dois pas vous laisser ignorer que son intention est de vous procurer une récompense de Sa Majesté,
et qu'il n'attend pour cet effet que de sçavoir ce que vous
pourrés désirer. Je vous prie donc de m'en faire part, en
m'envoyant la composition du remède dont il s'agit et les
attestations des guérisons qu'il a opérées, en cas que vous
en avés, pour que je puisse en rendre compte au Ministre.

» J'ay l'honneur d'être, M... etc., — VÉDIER ».

Les Archives de l'Intendance, pas plus que celles de Gaël,
où nous puisons ces notes, ne contiennent la réponse du

recteur au subdélégué de Plélan. Mais une lettre de M. Guyot-Duchêne écrite, un an plus tard, à un prêtre de Malestroit, va nous en faire connaître le sens.

Il va de soi que le recteur de Gaël, en homme avisé et prudent, avait dès le début, exposé l'affaire à son évêque; il n'y pouvait manquer. M. Guyot-Duchêne était un des prêtres les plus considérés du clergé du diocèse de Saint-Malo, dont Gaël faisait alors partie; son acte de décès nous apprend qu'il était « un des membres de la chambre ecclésiastique de ce diocèse, et député du clergé [11] ». Nous ne savons rien de la première démarche faite auprès de l'évêque au moment où il reçut le secret; mais, nous allons voir à l'instant qu'il n'avait agi qu'avec sa permission expresse. Le 12 novembre 1763, il écrivait à M. l'abbé de Soulange, au château de Lieurel, près Malestroit, que nous avons déjà nommé :

« Monsieur, — Mgr de S⁺ Malo, nostre illustre et digne prélat, m'a envoïé la lettre que vous avés écrite à Sa Grandeur, en datte du 10 octobre dernier. J'étois pour lors avec luy dans son Séminaire de St Méen, où j'ay passé 15 jours pour les affaires du clergé de nostre diocèze, dont j'ay l'honneur d'estre un des députés. Ce ne fut qu'à son retour à S⁺ Malo qu'il reçut votre lettre à laquelle il me charge de répondre, ce que je n'ay pu faire plus tôt, étant éloigné de la poste, et ne trouvant pas souvent des occasions pour Ploërmel.

» Pour le remède dont vous me demandés des informations, vous pouvez penser, Mʳ, que je ne le distribuerois pas *si je n'avois pas eü l'agrément de mon Evêque* dont j'ay l'honneur d'estre connü assez perticulèrement pour ne rien faire qu'avec la permission de Sa Grandeur.

(11) « Vénérable et discret missire Siméon Duchesne-Guyot, Rʳ et prieur de la paroisse de Gaël, l'un des membres de la chambre ecclésiastique de ce diocèse, et député du clergé, âgé de 81 ans, mort à son presbytère le 12 novembre 1786, fut inhumé le 14 dans le cimetière de l'église de Gaël, avis l'ancienne porte qui répond du chœur » (Reg. de Gaël, 1786).

» Voilà un *imprimé* qui pourra vous mettre au fait. Ceux qui ont pris ce remède n'ont eu, grâces au Seigneur, aucun accident. Mais, de vous assurer qu'il soit infaillible, c'est ce que je ne puis vous assurer positivement. Dieu seul peut rendre tous les remèdes efficaces, et, le quinquina, quelque excellent fébrifuge qu'il soit, ne guérit pas toutes les fièvres.

» J'ay eu ce remède par un effet de la Providence, à la mort d'un prestre de cette paroisse qui le distribuait pendant qu'il a vécu. Je le trouvay après sa mort parmi ses papiers, et je ne sçais que ce que j'ay trouvé écrit. Il y a quelque temps que M. le Controlleur-général dut faire écrire à l'Intendant de Bretagne pour s'informer de ce remède, afin d'en rendre compte au Roy, dont on me faisoit même espérer récompense. On m'écrivit à ce sujet. J'eus l'honneur de répondre que, donnant le remède *gratuitement* comme je l'avais reçu, l'intérest ne m'avoit jamais fait agir, et que j'étois prest d'obéir aux ordres de Sa Majesté pour laquelle je ne devois avoir rien de secret; mais je ne pouvois rien dire qu'en présence du Roy et qu'avec la permission de mon Evêque. J'étois disposé à partir au premier ordre. On me dit à l'Intendance qu'on avoit envoyé ma lettre en Cour et qu'on me feroit savoir la réponse. J'envoyay à Mgr de St Malo coppie de toutes ces lettres. Sa Grandeur me permettoit de faire le voyage si on l'exigeoit. Depuis, je n'en ai reçu aucune nouvelle.

« Il y a toujours de cette eau à l'abbaye de Saint-Georges à Rennes, et que Mme de Guéry, une des religieuses, a la charité de distribuer à ceux qui en ont besoin. Elle est plus au fait que moi de bien des guérisons que cette eau a opérées. et dont cette dame m'a assuré. Je lui en envoie tous les ans une grande quantité, et nous en donnons beaucoup icy à tous ceux qui viennent en demander, et autant qu'on veut, pourvü qu'on apporte des bouteilles.

» Voilà tout ce que je puis mander à ce sujet. J'ay l'honneur d'estre, Monsieur, avec bien du respect, v. t. h. et tr. ob. serviteur. — Duchêne-Guyot, Rʳ de Gaël ».

Il ressort de cette lettre que, si le Roi avait voulu, il aurait connu le secret de l'eau de Gaël. Mais aurait-on été plus avancé, si le recteur seul pouvait l'exercer ? C'est ce qui fit sans doute en haut lieu qu'on négligea de faire venir à Paris le bon recteur qui manqua une belle occasion d'être admis en présence du Roi. Il garda donc son secret pour lui seul, et continua de distribuer largement son remède à tout venant.

Voici la lettre écrite du château de Lieurel, le 19 octobre 1763, par l'abbé de Soulange à l'évêque de Saint-Malo, à laquelle le recteur fait allusion dans sa réponse :

« On m'a chargé, Monseigneur, de vous demander ce que c'est que l'eau de Gaël, dans votre diocèse, et qu'un prestre fait lui-même et distribue pour la rage; s'il est vray qu'elle en guérit réellement, et si vous l'avez approuvée comme on le prétend Je vous seray bien obligé, Monseigneur, de vouloir bien me donner sur cela les éclaircissements nécessaires.

« Je suis fort aise que cette occasion me procure celle de me rappeler dans votre souvenir et de vous renouveler le sincère attachement que je vous ay voüé depuis longtemps, et avec lequel j'ay l'honneur d'estre, Monseigneur, votre très humble et très obéissant serviteur. — De Soulanges ».

La lettre d'envoi du secrétaire de l'évêque laissait au recteur le soin de répondre à Soulanges.

Cependant M. Guyot-Duchesne continuait à tenir son évêque au courant :

« Monseigneur, j'ai reçu la lettre que votre Grandeur m'a fait écrire par M. Janvier. En conséquence, j'ay l'honneur de répondre à M. l'abbé de Soulange pour satisfaire à la curiosité qu'il a de sçavoir le remède en question.

« J'aurois voullu estre à l'occasion de vous communiquer ma lettre avant de l'envoïer; mais je ne crois pas qu'il puisse y trouver rien à réformer. Il paroit que c'est une suitte de ce que M. le Controlleur-général avoit fait escrire à l'Intendant de Bretagne à ce sujet. Au surplus, j'en attendray tranquillement le succès... [12] ».

Nous n'avons pas trouvé d'autres traces des démarches du contrôleur général et de l'intendant : le recteur de Gaël gardait son secret.

*
* *

C'est ce qui faisait l'étonnement et excitait l'humeur d'un brave capitaine d'infanterie qui écrivait de Nancy, au recteur, le 4 juin 1772 :

« J'ay toujours murmuré, Monsieur, je vous l'avoue, en admirant la charité avec laquelle vous administrez gratuitement le secret prétieux dont vous disposez, que vous ne cessiez pas d'en faire un secret funeste à toutes les personnes auxquelles vos secours ne peuvent s'étendre. Mais enfin, sans voulloir indiscrettement vous presser *sur des raisons qui doivent estre bien fortes*, j'ay eu l'occasion de faire venir de l'eau pour la rage dans cette province de Nancy; j'ay été ravi de contribuer à en accroître l'utilité; et un malheureux qui attendoit déjà la mort affreuse que venoit d'éprouver un de ses compagnons mordu par le même chien que lui, sera sans doute un homme de plus qui vous devra la vie. J'avois demandé en même temps la recette; mais l'explication qu'on m'a envoyé m'a paru si informe que j'ay recours à vous, Monsieur, pour qu'aucune négligence dans la manière de prendre le remède ne discrédite un remède reconnu infaillible par tant d'exemples heureux.

» On m'a dit, par exemple, que les gens dont le métier était d'estre souvent à l'eau ou au feu, comme les blanchis-

seuses, les boulangers, devoient s'en abstenir pour le temps
où l'on pourroit craindre les effets d'une morsure de chien
enragé; et encore ne sais-je pas jusqu'à quel temps cela peut
s'étendre. Les charlatans ont décrié les imprimés; mais il
y a assez de gens qui réclament la confiance publique pour
le vôtre. Je crois que ce seroit le seul moyen d'écarter les
erreurs et abrégés des copistes. Toutes ces choses ont
besoin d'une explication sûre et précise.

» Je vous demande au moins, Monsieur, que vous veuilliés
bien m'envoier de votre main une explication bien com-
plette, afin que je puisse la donner fidellement copiée à chacune des personnes auxquelles j'ay porté le petit envoy
qu'on m'a fait des eaux de Gaël. — Je suis, Monsieur, avec
la considération qui vous est duë, votre tr. h. et t. ob. serviteur. — DE SAINT-GILLES, capitaine au régiment d'inf"
du Roy, à Nancy ».

Le recteur qui avait reçu cette lettre le 4 juin, y répondit
le 12, d'après un mot tracé de sa main en marge de la
première page. Mais, nous ne possédons pas cette réponse,
qui devait cependant présenter quelque intérêt, si toutefois
elle n'eût pas consisté seulement dans l'envoi d'un de ces
imprimés dont M. Guyot-Duchêne avait parlé dans sa lettre
à l'abbé de Soulange.

⁂

Là s'arrêtent, malheureusement, les documents des
Archives de Rennes et de Gaël sur ce fameux secret. Il
existe bien cependant quelques lettres échangées, en 1778,
entre le recteur et le subdélégué de Morlaix, M. de Tréfal-
quen, et quelques châtelains des environs, à propos des
ravages faits par un loup enragé à Plounéour-Menez
d'abord, puis à Garlan; l'eau de Gaël fut employée avec
conviction contre l'hydrophobie, demandée et redemandée
encore au subdélégué qui la faisait venir du monastère de

Saint-Georges, à Rennes, où l'on en trouvait toujours en
abondance.

Cette correspondance ne nous affirme point que le remède
de Gaël ait produit de merveilleux effets; cependant, il
paraît bien que ces loups rapaces, qui avaient mordu quelques femmes et filles, étaient bien enragés. Un des corres-
pondants, M. de Kerver, écrivait au subdélégué : « Ce loup,
d'ailleurs, était ou enragé, ou du moins sa morsure était
très venimeuse, puisqu'on a été obligé de tuer plusieurs
vaches, chevaux et cochons, de ceux qu'il avait mordus,
quoiqu'on leur ait fait prendre du remède contre la rage... ».

Il va de soi que ces animaux n'avaient point été soumis
au remède de l'Eau de Gaël, qui *n'était point pour les bêtes*.
On avait dû leur administrer plutôt le remède de M. de
Muzillac, qui pouvait leur convenir. Et, en effet, les lettres
dont nous parlons, mentionnent aussi ce remède comme
ayant été envoyé à Morlaix par l'Intendant. Bien plus,
d'après une lettre de M. de Kerver, « on avait même parlé
d'un remède envoyé par le Roy de Prusse, et qui, une fois
composé, se conserveroit plusieurs années. Il seroit à désirer, soupirait l'honorable genfilhomme, que nous en reçus-
sions dans chaque ville ».

Ainsi, tous les remèdes étaient acceptés, et les plus
bizarres avaient chance d'être employés avec plus de confiance et d'empressement. Dans le danger, on ne réfléchit
guère, et devant la mort terrible qui menace, le malade
effrayé n'est-il pas toujours prêt — aujourd'hui comme hier,
— à se soumettre à toutes les médications ? De nos jours,
où la science a fait tant de progrès, il ne serait pas bien
difficile de citer maintes recettes ridicules, sinon inoffen-
sives, employées par les gens à la campagne,... et même
en ville ! Aussi, comprend-on facilement que les Bas-
Bretons de Morlaix aient bien voulu accepter tous les
remèdes possibles, même ce remède du Roi de Prusse, dont

la renommée et l'éloignement les assuraient d'avance de sa magique efficacité...

***

Nous n'avons retrouvé mention de l'eau de Gaël qu'en 1824; dans une lettre de M. Blanchard de la Musse, envoyée à un ami de Nantes, lui donnant quelques indications sur les beautés du pays de Montfort et de ses environs [13], cet auteur disait : « Bien des personnes croient encore aujourd'hui que l'eau dite de Gaël, employée avec succès contre la rage, provient d'une fontaine qu'on trouve dans ses environs, et d'autres que cette eau est un remède composé par un Recteur de Gaël qui en a transmis le secret à ses successeurs; quoi qu'il en soit, on prétend que cette eau produit souvent de très bons effets ».

Ce n'était point l'avis du rédacteur des *Annales armoricaines et histoire du département des Côtes-du-Nord* pour l'année 1846. M. Le Maout était pharmacien... et la recette du recteur de Gaël avait le don de l'agacer fortement, témoin les lignes suivantes :

« An 1773 (janvier) : Une louve enragée, sortie des bois voisins de Loudéac, mord 13 personnes a St Caradec et autres communes environnantes. Douze de ces personnes, après avoir eu recours à tous les remèdes prônés dans le pays contre la rage, entre autres à l'eau d'une fontaine de Gaël (*prétendu spécifique débité par quelques spéculateurs ignorants*), meurent peu de temps après la rage confirmée; le nommé Le Bris, mordu à l'épaule à travers ses vêtements. échappa seul à cette mort cruelle » [14].

(13) *Lycée armoricain*, t. IV, p. 310. — M. Blanchard de la Musse habitait alors Montfort et collaborait à cette Revue.
(14) *Annales armoricaines*, 1846, p. 183. A la fin de cette note l'auteur ajoute : Voir année 1808 un événement analogue. — Nous avons cherché en vain l'article pour 1808; l'histoire s'arrête à la fin de la Révolution vers 1798. Il y a sans doute erreur dans l'indication donnée par l'auteur.

Deux ans plus tard, l'archiviste du département d'Ille-et-Vilaine fit dans les papiers provenant de l'ancienne Intendance des recherches provoquées, peut-être, par l'article de Le Maout. Il trouva les documents — correspondance des subdélégués, etc., — qui ont été analysés ci-dessus; il fit part de sa trouvaille au préfet du département qui, le 14 février 1848, invita le sous-préfet de Montfort [15] à recueillir des renseignements sur le remède de Gaël. Un rapport de M. de Cibon, conseiller municipal de Gaël, faisant fonction de maire, prouve que la foi dans l'efficacité du remède était toujours aussi grande, mais que le secret demeurait impénétrable :

« Il n'est point à ma connaissance qu'aucune des personnes qui ont fait usage de ce remède *en temps utile*, ait enragé, et je sais de plus que quelques-unes ont guéri même après avoir eu deux accès de rage très caractérisés.

» Je sais encore que cette eau si efficace pour l'homme est sans effet sur les animaux; qu'elle est incorruptible, quel que soit son âge, dans quelque vase qu'elle soit renfermée, qu'elle soit privée d'air ou à l'air libre. Plusieurs fois, cette eau a été analysée, et la chimie n'y a jamais découvert que les parties constitutives de l'eau de fontaine.

» La fontaine dont il est parlé dans les archives de Bretagne, est une chose fabuleuse et entièrement controuvée. M. le R^r de Gaël procède à la confection de ce remède dans un appartement où il est seul; peu importe la source à laquelle a été puisée l'eau qu'on lui apporte, alors même qu'elle n'aurait pas été prise dans le pays.

» Quant à la divulgation du secret, je doute que M. le R^r de Gaël puisse et veuille jamais la commettre. Je suppose que les engagements qu'il a dû prendre en le recevant sont pour lui un devoir de conscience. Du reste, Monsieur, si

(15) D'après une lettre du sous-préfet de Montfort, M. Leroux, les recteurs de Derval passaient pour avoir un secret qui faisait de l'eau d'une certaine source un remède efficace contre la rage.

vous jugez à propos de lui écrire à cet égard, à lui seul appartient de vous répondre. — Salut et fraternité. »

Après réception de cette lettre, le sous-préfet s'adressa au recteur, mais il essuya un refus analogue à celui opposé en 1762 et en 1763 aux subdélégués et à l'intendant de Bretagne.

« ... Je distribue gratis et à qui en désire les eaux dites de Gael contre la rage; il y en a en dépôt dans toute la Bretagne et bien au-delà; ce remède, loin d'être avantageux pour moi, m'expose souvent à des frais d'emballage assez considérables; mais je me trouve bien dédommagé par le bien qu'il produit.

» C'est le seul privilège resté à Gaël, dépouillé de tous ses avantages par les Révolutions. Le rendre public ne serait peut-être pas rendre service à l'humanité; car, comme vous le savez, l'abondance des choses en avilit le prix. La médecine l'a *quelquefois critiquée*, mais elle n'a pu lui enlever la confiance ni en paralyser les effets. C'est un privilège attaché à la cure de Gaël dont je ne puis ni ne veux la dépouiller.

» J'ai l'honneur d'être, etc. Jean-J^h Lorre, R^r de Gaël ».

Il semble bien que le sous-préfet ni son chef hiérarchique ne revinrent à la charge pour demander d'autres explications, et le recteur conserva en paix le fameux secret. Il continua, et ses successeurs continuèrent après lui, à distribuer, partout où on la demandait, l'eau mystérieuse. Voici le texte de la formule imprimée que le recteur offrait aux personnes qui, très récemment encore, venaient demander le remède :

« *Usage de l'eau contre la rage :* 1° Prendre de cette eau avec esprit de foi trois matins à jeûn; 2° s'il y a plaie, la laver avec cette eau jusqu'à guérison et essuyer chaque fois avec un linge propre. Il ne faut pas en donner aux bêtes. Les femmes et les enfants peuvent en prendre sans inconvénient ».

. Comme on l'a vu et répété dans ces pages, l'eau de Gaël
n'est pas l'eau d'une fontaine ou d'une source spéciale au
pays, puisque le recteur, pour faire ce remède, *peut user
de toute eau potable qu'on lui apporterait de n'importe quel
pays*. Cependant, la croyance populaire a longtemps rapporté qu'il y avait dans la paroisse une fontaine ou puits
qui fournissait l'eau employée contre la rage. Dans son
. ouvrage très connu sur la *Forêt de Bréchélianl et la fontaine
de Barenton*, M. le Dr Bellamy s'est fait l'écho de cette
tradition : « Entre autres curiosités, dit-il, il y avait anciennement à Gaël, une fontaine druidique dont l'eau était
réputée *remède contre la rage*. Soit que cette fontaine fût
l'objet d'un culte païen, qu'il fallait abolir, comme à Béren-
ton, soit pour quelque autre motif, on aurait agi contre elle
non par des demi-mesures, telles que exhortations, défenses,
anathèmes à l'adresse des entêtés, mais d'une façon plus
violente; car, si l'on en croit certains dires, on l'aurait
comblée, et aujourd'hui on ignore l'emplacement de cette
fontaine. Ce remède trop brusque n'eut pas un résultat
complet; les croyances qui ont été vivaces pendant des
siècles chez une population, ne s'éteignent pas au commandement. La fontaine fut supprimée, elle a disparu; mais on
*a persisté à croire à la vertu de l'eau de Gaël; une autre
source en a hérité*, et passe encore pour guérir de la rage. »
(t. II, p. 327).

D'après M. le Docteur Bellamy, au début du xviiie siècle,
avant l'invention du prêtre de Gaël, « bon nombre de gens
mordus par un chien enragé venaient à Gaël en pèlerinage
pour y trouver un remède au terrible mal de la rage dont
ils étaient menacés. Après avoir entendu la messe à l'église
paroissiale, ils allaient boire de l'eau qu'on tirait à un puits
qui se trouvait à l'angle nord-ouest de la motte de l'ancien
château de Gaël, aujourd'hui détruit entièrement et dont on
marque l'emplacement à la sortie du bourg, à droite de la
route de Mauron, avant la rivière de Meu. Ce puits, racon-

taient les vieillards, était très profond, peu large, et revêtu
de grosses pierres à l'intérieur. Il a été bouché très anciennement; on n'a point recherché où il pouvait être, et le lieu
n'en est plus connu... A défaut du puits du château qui
aurait été comblé, la confiance des gens s'est reportée sur
d'autres fontaines. Quelques-uns croient que l'eau contre la
rage serait celle d'une fontaine placée *sous l'autel de l'église*
de Gaël ; des personnes s'en disant bien instruites m'ont
assuré (dit M. Bellamy) que cette fontaine n'existe pas.
D'autres attribuent cette vertu à l'eau de la fontaine *dite de
S* Symphorien;* ils vont en prendre et en emportent provision au logis, à tout événement. Quand on demande aux
gens du pays où est la fontaine qui guérit de la rage, ils
vous envoient à la fontaine S* Symphorien ».

Et M. Bellamy continue en menant son lecteur à cette
fontaine, au delà du bourg, en un marécage inabordable.
Quant à l'eau, dit-il, « je n'en dirai rien, n'ayant pu jamais
m'approcher de la fontaine assez près pour pouvoir en
puiser, bien que j'y sois allé plusieurs fois... Il faut être
sous le coup de la rage assurément, peut-être même déjà
enragé, mais point du tout hydrophobe, pour s'aventurer
en pareil chemin, aborder la fontaine, y puiser un plein bol
d'eau et le boire. Or, personne jusque-là ne m'avait mordu,
et ne m'avait insinué son virus, je ne me sentais pas en
période d'incubation rabique; rien donc ne me sollicitant
d'approcher, je suis resté à distance de la fontaine. Néanmoins, j'ai pu reconnaître que cette eau devait être corrom-
pue, à cause des feuilles d'arbres qui y tombent et qui *y*
restent à pourrir ». M. Bellamy conclut que l'eau de cette
source n'a point la vertu de guérir la rage. Et il en arrive
à l'eau de Gaël, faite par le recteur de la paroisse avec un
rite particulier et secret. Et il termine en disant cette chose
fort juste :

« Le Recteur l'offre à ceux qui se croient menacés de la
rage, pour leur *réconforter au moins le moral et les soutenir*

dans l'espoir d'une guérison. Ne sait-on pas qu'une foi vive, telle que le sentiment de la puissance divine et la confiance en la bonté de Dieu peuvent seuls la susciter, sont capables de produire, dans le cours de certaines maladies, de salutaires perturbations *par l'incomprise action du moral sur le physique*, et que, plus d'une fois, elles ont sauvé des malades qui semblaient perdus; tandis que le découragement, en abattant toute résistance, laisse un mal d'abord curable s'aggraver bientôt au point de devenir mortel, accélère la ruine des désespérés, et remplît d'amertume leurs derniers jours .» (t. II, p. 330).

Ce doit être là tout le secret de l'Eau de Gaël. Est-ce que les prêtres, ennuyés de voir les gens aller boire à cette fontaine malpropre, n'auront pas trouvé ce bon moyen de leur distribuer l'eau eux-mêmes, après l'avoir bénite ? C'est une idée que je laisse à creuser à ceux de mes lecteurs qui en auraient le goût et le loisir. En tout cas, la vogue de cette eau, préparée par les soins du prêtre, fit abandonner la fontaine dont on n'a plus aujourd'hui qu'un vague souvenir [16].

Abbé J. HERVÉ.

(16) Nous tenons à remercier ici M. Bourde de la Rogerie, l'érudit et toujours si bienveillant archiviste du département d'Ille-et-Vilaine, dont les conseils et les renseignements nous ont été fort utiles.

TABLE DU TOME X

PREMIÈRE PARTIE

J. Loth. — Saint Doccus et l'hagio-onomastique............... 1

René Merlet. — Peut-on calculer, à l'aide de l'astronomie, la date approximative de certains monuments mégalithiques ?.. 13

H. du Halgouet. — Division de la propriété noble en Bretagne.. 27

A. Bachelier. — Le Jansénisme à Nantes de 1714 à 1728... 45

DEUXIÈME PARTIE

G.-B. Duhem. — Alain de Porhoët et le prieuré de Saint-Martin de Josselin (1128)................................ 59

Jacques Levron. — Les possessions de l'abbaye de Saint-Melaine de Rennes en Basse-Bretagne.................... 67

Marquis de Carné-Trécesson. — Alain-Emmanuel de Coëtlogon, Vice-amiral et Maréchal de France (1646-1730).... 103

Abbé J. Hervé. — L'eau de Gaël et quelques anciens remèdes contre la rage en Bretagne.............................. 159

Le Gérant, R. Oberthur

IMP. C. BERTHIER, RENNES—PARIS (4206-28